U0062108

三聯人文書系

陳平原 主編

羅志田 著

變動時代的文化履跡

三聯人文書系
主　　編　陳平原
責任編輯　姚沙沙
書籍設計　吳冠曼

書　　名　變動時代的文化履跡
著　　者　羅志田
出　　版　三聯書店（香港）有限公司
香港鰂魚涌英皇道一〇六五號一三〇四室
Joint Publishing (H.K.) Co., Ltd.
Rm. 1304, 1065 King's Road, Quarry Bay, Hong Kong
香港發行　香港聯合書刊物流有限公司
香港新界大埔汀麗路三十六號三字樓
印　　刷　中華商務彩色印刷有限公司
香港新界大埔汀麗路三十六號十四字樓
版　　次　二〇〇九年九月香港第一版第一次印刷
規　　格　大三十二開（141×210 mm）二五二面
國際書號　ISBN 978-962-04-2849-4
© 2009 Joint Publishing (H.K.) Co., Ltd.
Published in Hong Kong

總序

陳平原

老北大有門課程，專教「學術文」。在設計者心目中，同屬文章，可以是天馬行空的「文藝文」，也可以是步步為營的「學術文」，各有其規矩，也各有其韻味。所有的「滿腹經綸」，一旦落在紙上，就可能或已經是「另一種文章」了。記得章學誠說過：「夫史所載者，事也；事必藉文而傳，故良史莫不工文。」我略加發揮：不僅「良史」，所有治人文學的，大概都應該工於文。

我想像中的人文學，必須是學問中有「人」——喜怒哀樂，感慨情懷，以及特定時刻的個人心境等，都制約着我們對課題的選擇以及研究的推進；另外，學問中還要有「文」——起碼是努力超越世人所理解的「學問」與「文章」之間的巨大鴻溝。胡適曾提及清人崔述讀書從韓柳文入手，最後成為一代學者；而歷史學家錢穆，早年也花了很大功夫學習韓愈文章。有此「童子功」的學者，對歷史資料的解讀會別有會心，更不要說對自己文章的刻意經營了。當然，學問千差萬別，文章更是無一定之規，今人著述，盡可別立新宗，不見得非追韓摹柳不可。

錢穆曾提醒學生余英時：「鄙意論學文字極宜着意修飾。」我相信，此乃老一輩學者的共同追求。不僅思慮「說什麼」，還在斟酌「怎麼說」，故其著書立說，「學問」之外，還有「文章」。當然，這裡所說的「文章」，並非滿紙「落霞秋水」，而是追求佈局合理、筆墨簡潔，論證嚴密；行有餘力，方才不動聲色地來點「高難度動作表演」。

與當今中國學界之極力推崇「專著」不同，我欣賞精彩的單篇論文；就連自家買書，也都更看好篇幅不大的專題文集，而不是疊床架屋的高頭講章。前年撰一《懷念「小書」》的短文，提及「現在的學術書，之所以越寫越厚，有的是專業論述的需要，但很大一部分是因為缺乏必要的剪裁，以眾多陳陳相因的史料或套語來充數」。外行人以為，書寫得那麼厚，必定是下了很大功夫。其實，有時並非功夫深，而是不夠自信，不敢單刀赴會，什麼都來一點，以示全面；如此不分青紅皂白，眉毛鬍子一把抓，才把書弄得那麼臃腫。只是風氣已然形成，身為專家學者，沒有四五十萬字，似乎不好意思出手了。

類似的抱怨，我在好多場合及文章中提及，也招來一些掌聲或譏諷。那天港島聚會，跟香港三聯書店總編輯陳翠玲偶然談起，沒想到她當場拍板，要求我「坐而言，起而行」，替他們主編一套「小而可貴」的叢書。為何對方反應如此神速？原來香港三聯向有出版大師、名家「小作」的傳統，他們現正想為書店創立六十週年再籌畫一套此類叢書，而我竟自己撞到槍口上來了。

記得周作人的《中國新文學的源流》一九三二年出版，也就五萬字左右，錢鍾書對周書有所批評，但還是承認：「這是一本小而可貴的書，正如一切的好書一樣，它不僅給讀者以有系統的事實，而且能引起讀者許多反想。」稱周書「有系統」，實在有點勉強；但要說引起「許多反想」，那倒是真的——時至今日，此書還在被人閱讀、批評、引證。像這樣「小而可貴」、「能引起讀者許多反想」的書，現在越來越少。既然如此，何不嘗試一下？

早年醉心散文，後以民間文學研究著稱的鍾敬文，晚年有一妙語：「我從十二三歲起就亂寫文章，今年快百歲了，寫了一輩子，到現在你問我有幾篇可以算作論文，我看也就是有三五篇，可能就三篇吧。」如此自嘲，是在提醒那些在「量化指標」驅趕下拚命趕工的現代學者，悠着點，慢工方能出細活。我則從另一個角度解讀：或許，對於一個成熟的學者來說，三五篇代表性論文，確能體現其學術上的志趣與風貌；而對於讀者來說，經由十萬字左右的文章，進入某一專業課題，看高手如何「翻雲覆雨」，也是一種樂趣。

與其興師動眾，組一個龐大的編委會，經由一番認真的提名與票選，得到一張左右支絀的「英雄譜」，還不如老老實實承認，這既非學術史，也不是排行榜，只是一個興趣廣泛的讀書人，以他的眼光、趣味與人脈，勾勒出來的「當代中國人文學」的某一側影。若天遂人願，舊雨新知不斷加盟，衣食父母繼續捧場，叢書能延續較長一段時間，我相信，這一「圖景」會日漸完善的。

最後，有三點技術性的說明：第一，作者不限東西南北，只求以漢語寫作；第二，學科不論古今中外，目前僅限於人文學；第三，不敢有年齡歧視，但以中年為主——考慮到中國大陸的歷史原因，選擇改革開放後進入大學或研究院者。這三點，也是為了配合出版機構的宏願。

二〇〇八年五月二日

於香港中文大學客舍

目錄

自序……001
西潮與近代中國思想演變再思……019
數千年中大舉動：廢科舉百年反思……059
新舊之間：近代中國的多個世界及「失語」群體……089
大綱與史：民國學術觀念的典範轉移……107
文學革命的社會功能與社會反響……127
漣漪重疊：「五四」前後面向世界傾向的延續……145
歷史記憶與五四新文化運動……181
從新文化運動到北伐的文化與政治……221
作者簡介……240
著述年表……241

自序

中國近代以「變」著稱，可以說是一個變動的時代。其最為顯著的轉變，自然是共和政體取代帝制這一幾千年才出現的變化。當近代讀書人紛紛表述對於「數千年未有之大變」的擔憂時，他們不過是預感到大變之將至，尚未真正認識到後續變局的根本性；但其開始以「千年」甚或更長的時段來思考時局的變動，卻不能不說有着相當敏鋭的感覺。梁啟超在一九〇一年便指出，那是一個充滿變數的「過渡時代」（相對於中國數千年來所謂「停頓時代」）。按其預測，將要發生的「過渡」包括政治上的「新政體」、學問上的「新學界」和社會理想風俗上的「新道德」。【一】

這已是全盤的轉化，但梁氏那時所說的「新政體」指的僅是君主立憲，他並不想要鼓動更換政權的「革命」。後來的發展雖超出其預測，仍多少有些被梁啟超不幸而言中的意

【一】梁啟超：《過渡時代論》（一九〇一），《飲冰室合集·文集之六》，北京：中華書局，一九八九，頁二七—三〇。

味：近代以共和取代帝制為象徵的巨變，的確是全方位的，包括了政治、社會、思想、學術等方方面面。而且這個大變是一個發展中的進程，發生在辛亥年的政權鼎革不過是一個象徵性的轉折點，其相關的轉變此前已發生（所以一些讀書人才能有所預感），此後仍在延續。【二】

變動時代最明顯的特徵，就是產生出「動」就是好的觀念。梁啟超在二十世紀二十年代總結中國過去五十年的「進化」概況，頗抱愧於沒有什麼學問可以拿出來見人，而他印象最深的是中國「讀書人的腦筋，卻變遷得真厲害」；以至於「這四十幾年間思想的劇變，確為從前四千餘年所未嘗夢見」。梁氏把四千年的思想界比作「一個死水的池塘，雖然許多浮萍荇藻掩映在面上，卻是整年價動也不動」；如今終於有了動的氣象，雖其「流動的方向和結果，現在還沒有十分看得出來，單論他由靜而動的那點機勢，誰也不能不說他是進化」。【三】

「進化」在當年是個非常正面的詞彙，只要「由靜而動」，不論往什麼方向發展都是「進化」，這一價值判斷充分體現出對變動的期盼，而立說者本身因焦慮心態而生的緊迫感也昭然若揭。【四】梁啟超的言外之意很明確，他顯然對已經發生的全方位巨變仍不滿意。這就提示出變動時代的另一個明顯特徵，即儘管在不太長的時間裏發生了一系列急劇而重大的變動，但很多人，尤其是相當一部分讀書人，仍覺得變動不夠快也不夠大。

報人張季鸞在一九三一年回顧二十世紀前三十年的歷史說，「中國政治、經濟、社會各方面，實已經重大之變遷。蓋由帝制以至共和，由黨政以至黨治，由籌備立憲以至國民革命。就中國論，為開創五千年未有之新局」。儘管如此，他仍以為「民國以來，其實質未變」。蓋辛亥革命和國民革命，「雖近代史上之兩個時期，而實一大問題之繼續演進」，而且是一個「迄今未臻完全解決」的問題。所以他的整體結論是：「舊秩序已崩

【二】梁漱溟對此頗有體會，他曾說：「若就革命是『以一新構造代舊構造，以一新秩序代舊秩序』來說，辛亥一役應承認其為革命。它並且是中國封建解體後唯一之革命。自它以前社會構造未曾變過，自它以後，社會構造乃非變不可。……今天我們尚在此一變革中，而正期待一新構造新秩序之出現。」梁漱溟：《中國文化要義》（一九四九），《梁漱溟全集》，卷三，濟南：山東人民出版社，一九九〇，頁二二四。

【三】梁啟超：《五十年中國進化概論》（一九二三），《飲冰室合集．文集之三十九》，頁四三。

【四】這樣一種不管怎樣先動起來的急迫心態當年是較為普遍的。可資對比的是，一般以為較溫和的胡適，在北伐時曾有「我們要幹政治」的想法，也是主張幹「什麼制度都可以」。當時《晨報副刊》上就有文章指出，胡適「明顯地流露出不據學理不擇方法去幹」的傾向。參見羅志田：《再造文明的嘗試：胡適傳》，北京：中華書局，二〇〇六，頁二六〇——二六七。

潰，新改革未成功。」【五】

張氏顯然期盼着「革命」會帶來很多正面的轉變，但他所看到的民國則「愈變而劣」：表現在「民生愈困苦，吏治愈貪污；教育實業，俱少進境」。而「所增加者，徒為若干軍閥與無數遊民盜匪」。這些負面印象可能帶有一些想像成分，而他對時局強烈的不滿背後，隱伏的仍是近代讀書人那種持續的焦慮心態和危機感。此時離北伐不過數年，則張氏對新當政的國民政府並不怎麼肯定。在他眼裏，一九二六年以來數年的歷史尤以變化劇烈為特徵：「從張、褚督直，至北伐成功；從晉閻衛戍，至中央討伐；從國共混淆，至清黨剿匪；從張雨亭開府北京，至東三省擁護統一；其變化之劇烈，動如南北之極端。」

短短五年間，那種直接向對立面轉化的政治變動幾經好幾次了。梁啟超曾描述歷史的「革命性」說：「革命前、革命中、革命後之史跡，皆最難律以常軌。結果與預定的計畫相反者，往往而有。」【六】若據其所論，張季鸞所見北伐後五年的情形，便帶有類似的「革命性」。而此並非特例，徐世昌在一九一八年也曾說，「民國成立以來，革命之役已四五見」。【七】能稱得上「革命」的，自非一般的小動亂，竟然在五六年間「已四五見」，幾乎是年年都有，相當能體現當時政治變動的頻繁。可知近代以共和取代帝制為象徵的巨變，本是由許多也不算小的系列變動所構成。

與近代政治、經濟真可說是數千年未有的劇變【八】相比，文化層面的變動相對來說更帶隱而不顯的特徵。儘管人們口中常說「中國文化」，實則「文化」一詞的含義，百多年來始終沒有充分的共識。今日通用的「文化」一詞，大致是個外來詞；而它在其原初產地的界定，也一直是眾說紛紜。惟值得注意的是，一方面書齋學者不斷在那裏推敲、分疏其定義，另一方面這又是中外皆普遍使用的一個詞彙；且多數人在使用時並不覺得有加以界定的必要，似乎對他們而言，「文化」自有其約定俗成的指謂。

這樣看來，對「文化」的理解和使用，在學者與大眾之間存在着明顯的緊張（tension）。這一雅俗衝突的現象，並非幾句話可以簡單說清楚。大體而言，「文化」的意謂，很多時候視其表述者和語境為轉移，我們只要知道是什麼樣的人在表述，並將其置

【五】本段與下段，張季鸞：《大公報一萬號紀念辭》，《大公報》（天津），一九三一年五月二十二日，一版。

【六】梁啟超：《中國歷史研究法》，《飲冰室合集·專集之七十三》，頁一一七。

【七】徐世昌之演說，見：《昨日懷仁堂盛會》，《晨報》，一九一八年十二月一日，六版。

【八】不僅政治上西式的共和制取代帝制，經濟方面出現的「社會主義市場經濟」，也是數千年未有的大變。

入其出現的上下文之中，多少都能領會到表述者之所欲言。

中國古代對「文化」的早期認識，是以人為中心的，又頗注意所謂「天人感應」的一面，強調其時空的意義。《易經》所謂剛柔相錯，「天文也；文明以止，人文也。觀乎天文，以察時變；觀乎人文，以化成天下」（《易．賁》）一語，就被很多後人視為「文化」的出處，近代讀書人常據此以發展出可以和「文化」那個外來詞相通的解釋。

梁啟超借用佛家術語給「文化」下的定義是：「文化者，人類心能所開積出來之有價值的共業也。」其中又包括「業力不滅」和「業力周遍」兩種公例，前者即人的一切身心活動雖隨起隨滅，但「每活動一次，他的魂影便永遠留在宇宙間，不能磨滅」；後者則說個人的活動勢必影響到別人，有的「像細霧一般，霏灑在他所屬的社會乃至全宇宙，也是永不磨滅」。【九】關於共業之有無「價值」，他也有自設的定義，這且不論。但業力的「不滅」和「周遍」兩種公例，便很能凸顯前述時空的涵義。

史家錢穆後來也說：「人類各方面各種樣的生活總括匯合起來，就叫它做文化。但此所謂各方面各種樣的生活，並不專指一時性的平鋪面而言，必將長時間的綿延性加進去。」換言之，「凡文化，必有它的傳統的歷史意義」。故文化「並不是平面的，而是立體的」。他進而說，「一人的生活，加進長時間的綿延，那就是生命；一國家一民族各方面各種樣的生活，加進綿延不斷的時間演進、歷史演進，便成所謂文化」。則「文化也就是此國家民族的生命。如果一個國家民族沒有了文化，那就等於沒有了生命」。也因此，講文化「總應該根據歷史來講」。【十】

這樣，「文化」實際成為「文化史」，倒與胡適稍早對「國故」的概念接近。胡適曾說：「國學的使命是要使大家懂得中國的過去的文化史，國學的方法是要用歷史的眼光來整理一切過去文化的歷史，國學的目的是要做成中國文化史。國學的系統的研究，要以此為歸宿。」在他看來，「理想中的國學研究」，至少是一個「中國文化史」的系統，包括民族史、語言文字史、經濟史、政治史、國際交通史、思想學術史、宗教史、文藝史、風俗史和制度史等十種專門史。【十一】

類似的觀念那時為很多人所分享，胡適的學生顧頡剛在一九二四年也說：「整理國

【九】梁啟超：《什麼是文化》（一九二二），《飲冰室合集·文集之三十九》，頁九八。
【十】錢穆：《國史新論》，北京：三聯書店，二〇〇一，頁三四六—三四七。
【十一】胡適：《〈國學季刊〉發刊宣言》，《胡適文集》，歐陽哲生編，北京：北京大學出版社，一九九八，第三冊，頁一四—一五。

故，即是整理本國的文化史。」[十二]而梁啟超更明言：「文化這個名詞有廣義、狹義二種：廣義的包括政治、經濟；狹義的僅指語言、文字、宗教、文學、美術、科學、史學、哲學而言。」[十三]故他在討論專門史和普遍史兩種類別時就說，「普遍史即一般之文化史」。[十四]

由於「文化」本有廣狹二義，「文化史」的定義也須從其語境中確定。梁啟超曾論《世本》一書的特點，說其「特注重於社會的事項；前史純以政治為中心，彼乃詳及氏姓、居、作等事，已頗具文化史的性質」。[十五]這裏的「文化史」，便是狹義的。也正因此，何炳松在一九二四年不得不強調：文化「即文明狀況逐漸變化之謂」。故「文化史應以說明一般狀況之變化為主。若僅羅列歷代典章制度、文人藝士為事，充其量不過一種『非政治的』過去事物之列肆而已，非吾人所謂文化史也」。[十六]這是一個非常值得注意的界定，何氏所欲區分的，恰是後來較常見的，很多所謂「文化史」，的確是在「非政治的」方面着力。

本書所說的「文化」也是較為廣義或開放的，略近於今日人類學意義的文化（定義也各不同，姑取其寬泛的一面），比較關注傳統、價值系統、觀念形式和各類建制（institutions）；但這些皆非懸空議論，而是落實在各類人的具體生活經歷和體驗之中；

具體主要側重於社會層次、生活習俗、思想觀念、學術狀況與集體心態等。若與傳統專門史類別比較，相對更少政治、軍事和經濟的內容，而更接近於社會、思想、學術和生活等專史的綜合，同時也關注其他專門史中影響到一般人生活和心態的各層面。

但本書無意於整體構建這樣一種「文化史」，更多毋寧是從文化視角考察新舊中西各方面的接觸、碰撞、交流和相互依存、競爭及錯位，以及因此而出現在近代中國這一時空之中的社會、思想、學術等方面的一些現象。雖不多論及政治，卻始終不忘這些面相與政治的密切關聯。實際上，面對近代這樣的大變局，又秉持一種相對廣義的文化視角，要進行所謂系統的考察，實非鴻篇巨製不能為。以本書的篇幅，也只能選取一些片段，盡可能

【十二】顧潮主編：《顧頡剛年譜》，北京：中國社會科學出版社，一九九三，頁九七。
【十三】梁啟超：《中國歷史研究法（補編）》，《飲冰室合集・專集之九十九》，頁一二四。
【十四】梁啟超進而申論說：「普遍史並非由專門史叢集而成。作普遍史者，須別具一種通識，超出各專門事項之外，而貫穴乎其間，夫然後甲部分與乙部分之關係見，而整個的文化始得而理會。」參見梁啟超：《中國歷史研究法》，《飲冰室合集・專集之七十三》，頁三五。
【十五】梁啟超：《中國歷史研究法》，《飲冰室合集・專集之七十三》，頁一五。
【十六】何炳松：《五代時之文化》（一九二五），《何炳松論文集》，劉寅生等編，北京：商務印書館，一九九〇，頁二四八。

從整體的眼光去觀察，希望將各方面多層次互動的動態圖景，包容在近代文化的點滴履跡之中。杜甫所謂「窗含西嶺千秋雪」那種尺幅千里的意境，雖不能至，實心嚮往之。

另一方面，如陳寅恪所說：「吾人今日可依據之材料，僅為當時所遺存最小之一部；欲藉此殘餘斷片，以窺測其全部結構，必須備藝術家欣賞古代繪畫雕刻之眼光及精神，然後古人立說之用意與對象，始可以真了解。」【十七】這裏最需要的，就是所謂歷史想像力。然而想像也當有限度，歷史想像的基礎和限制，都在史料之上。近代存留下來的史料固然遠比古代更豐富，若與當時曾經存在的材料相比，仍不過「殘餘斷片」而已；敍述時留有餘地，可能還更接近「其時代之真相」。

據說老子曾對孔子說：「六經，先王之陳跡也，豈其所以跡哉！今子之所言，猶跡也。夫跡，履之所出，而跡豈履哉！」這是《莊子．天運》中所言，義甚悠遠。【十八】在司馬遷的記載裏，老子是這樣對孔子說：「子所言者，其人與骨皆已朽矣，獨其言在耳。」【十九】此語或本《莊子》，而意有所移。從史學角度言，司馬遷的態度更積極。其意或謂言在，固未必非人在不可；跡固非履，似亦可由跡以知履（此履指動作）。【二十】

要理解領會六經之文本，固當深究其文字，更當朝着「履之所出」的方向努力探尋「所以跡」的一面。六經及其所承載的「道」並非憑空而至的虛懸「理論」，它們有其作者（不必是一時一人），有其目的和針對性（不必是單一的），有其產生和形成的語境，及其生成的動態過程。換言之，言亦是行；圍繞「立言」的行為這一切所能告訴我們的，絕不少於言說本身的文字意謂。【二十一】

進而言之，《莊子》所說之「跡」和司馬遷所說之「言」，不必一定落實在文字之上；任何人造物體皆能反映也實際反映了製造者的思想，亦皆其「跡」其「言」。若立言者之骨尚未朽，更增添了意想其「生人」的可能。《韓非子．解老》說：「人希見生

【十七】陳寅恪：《馮友蘭〈中國哲學史〉上冊審查報告》，《金明館叢稿二編》，北京：三聯書店，二〇〇一，頁二七九。

【十八】既然先王之陳跡未必是其「所以跡」，則後現代文論所謂文本的獨立生命，似亦可由此索解。

【十九】司馬遷：《史記．老子韓非列傳》，北京：中華書局標點本，一九五九，第七冊，頁二一四九。

【二十】本段與下段，並參閱羅志田：《事不孤起，必有其鄰：蒙文通先生與思想史的社會視角》，《四川大學學報》二〇〇五年四期。

【二十一】參見Quentin Skinner, *Visions of Politics, vol. I, Regarding Method*, New York: Cambridge University Press, 2002, pp. 103-27.

象也，而得死象之骨，案其圖以想其生也。」【二十二】後日之古生物學正類此，考古學亦仿此法，藉以復原各種已不可見的古之事物。引申言之，梁啟超所謂使歷史「僵跡變為活化」的方式也多少類似，即「因其結果，以推得其情態；使過去時代之現在相，再現於今日」。【二十三】

章學誠沒有司馬遷那麼樂觀，但他顯然領會了《莊子》之深意，故指出：「人之所以謂知者，非知其姓與名也，亦非知其聲容之與笑貌也；讀其書，知其言，知其所以為言而已矣。」這裏點出的「所以為言」，正是《莊子》所謂「所以跡」之意；後人很多時候會出現「接以跡者不必接以心」的現象，恐怕即因為沒有朝着昔人「所以為言」的方向去努力探索。蓋古人立言，自「有其憂與其志」。用今日的話說，古人之「憂」與「志」，即其立說之動機和意圖之所在。要使其所言不至於「湮沒不章」，就要能「憂其憂、志其志」。【二十四】

因此，章氏把孟子的「論世知人」說提高到「文德」的程度，特別強調「論古必恕」的重要。他解釋說，「恕非寬容之謂」，而是指「能為古人設身而處地」；若「不知古人之世，不可妄論古人文辭也；知其世矣，不知古人之身處，亦不可以遽論其文也」。【二十五】我們當然首先依靠今昔之「同」來理解古人，但還要進而探索和尊重古今之

「異」。治史者在考索前人所遺之「言」時，倘能盡量再現立言者之「人與骨」及立說之語境，順其「所以為言」的方式和方向認識其所言，【二十六】理解必更進一層，庶幾可趨近「接以跡」亦「接其心」的境界。

【二十二】按《韓非子》接着說「故諸人之所以意想者，皆謂之象也」，別有深意，此不贅。前引司馬遷的話，恰出於《老子韓非列傳》之中，不排除他寫作時心中正有此韓非子「解老」的見解。

【二十三】梁啟超：《中國歷史研究法》，《飲冰室合集．專集之七十三》，頁一——二。這當然是一種借助後見之明的倒放電影取向，不能不審慎使用。

【二十四】章學誠：《文史通義．知難》，北京：中華書局，一九六一，頁一二六——一二七。

【二十五】章學誠：《文史通義．文德》，頁六〇。

【二十六】陳寅恪在解讀白居易的《長恨歌》時就提出：「欲了解此詩，第一須知當時文體之關係，第二須知當時文人之關係。」而「唐人小說，例以二人合成之。一人用散文作傳，一人以歌行詠其事」。這是唐代貞元、元和間興起的一種新文體，與當時的古文運動有密切關係。明白了唐代小說中「歌」與「傳」相配的言說風習，就能知道陳鴻的《長恨歌傳》與《長恨歌》「非通常序文與本詩之關係，而為一不可分離之共同機構」。陳寅恪：《元白詩箋證稿》，北京：三聯書店，二〇〇一，頁二——五；《論再生緣》，《寒柳堂集》，北京：三聯書店，二〇〇一，頁一〇五。

即使「言」為文字，其「跡」也有虛實之分。朱熹說：「禮即理也，但謂之理，則疑若未有形跡之可言；制而為禮，則有品節文章之可見。」【二十七】這是極有識見的觀察和歸納。據司馬遷所引，孔子曾說「我欲載之空言，不如見之於行事之深切著明也」（《史記．太史公自序》）。朱子或即本此而申論之。任何「空言」，本亦皆有形跡，然而很容易呈現為一種「若未有形跡」的狀態，必具體化而後可表現，可理解。

對史學而言，最主要的首先是往昔之「跡」的存留。孟子曾說，「王者之跡熄而詩亡，詩亡然後《春秋》作」（《離婁上》）。其言外之意，似乎後世奉為史學宗主的《春秋》，從一開始就與往昔之「跡」的存亡相關。《四庫提要．史部總敘》（卷四十五）曰：「苟無事蹟，雖聖人不能作《春秋》；苟不知其事蹟，雖以聖人讀《春秋》，不知所以褒貶。」【二十八】中國古代史學非常重視記錄的功能，【二十九】大概也有不希望前人事蹟熄滅消逝的意思在。清季一位不署名的作者曾說：「歷史者，攝過去之影而留其跡者也。」【三十】梁啟超進而提出，「凡史跡皆人類過去活動之僵跡也。史家能事，乃在將僵跡變為活化」。【三十一】

本書略本此探索、保存、並以解讀「活化」史跡之意，借《莊子》之言而名之。其涉及的時段，大約起自清道光年間，略同於今日內地通行的「近代史」分期。惟主體論述側重於甲午到五四期間，大致以北伐為下限（亦不時往後延伸）。【三十二】因為民國雖然取代帝制，但北洋政府在具體治理方式上，對前清君主制似乎繼承多而革新少，頗有些「漢承秦制」的意味。【三十三】到北伐後國民黨當政，開以黨治國之先河，出現了很多前所未有的

【二十七】朱熹：《答曾擇之》，《朱熹集》，郭齊、尹波點校，成都：四川教育出版社，一九九六，卷六十，頁三一一〇。

【二十八】《四庫提要》，北京：中華書局，一九六五年影印，卷四十五，頁三九七。

【二十九】參見羅志田：《知人論世：陳寅恪、傅斯年的史學與現代中國》，《讀書》二〇〇八年六期。

【三十】不署名：《中國之改造》，《大陸》（一九〇三），張枬、王忍之編：《辛亥革命前十年間時論選集》，卷一上，北京：三聯書店，一九六〇，頁四一六。

【三十一】梁啟超：《中國歷史研究法》，《飲冰室合集．專集之七十三》，頁一—二。

【三十二】本書出版之時，正值「五四」九十周年，這是一個近代史上具有里程碑意義的事件，也是中國讀書人永難忘懷的一個日子，故所選文略偏重之。

【三十三】高一涵在民初就説，民國不過「單換一塊共和國招牌，而店中所賣的，還是那些皇帝『御用』的舊貨」。高一涵：《非「君師主義」》，《新青年》五卷六號（一九一八年十二月），頁五五一—五五二。

改變。【三十四】如前引張季鸞所說，以千年以上的長時段眼光看，辛亥和北伐兩次革命，可以說是「一大問題之繼續演進」；但具體而論，它們又確實代表着「近代史上之兩個時期」。

這是專為香港「三聯人文書系」所編的文集。叢書的「編輯體例」要求「選文以學術性為重，但希望有較大的接受面」。根據這一要求，我所選的都是相對短小的文字，【三十五】多數近於西人所謂「研究討論」（research notes），即較少提供結論性的判斷，而更多是提出可以思考的問題。換言之，書中所討論的問題，多數不一定能「解決」，甚或不一定需要「解決」。這類文字的論述方式往往點到為止，無意於細緻深入的分析；但在思考的層面，與更「正式」的學術論文並無深淺之分。

這次選編時，入選的文字大都有所改動，多數是將較長的句子縮短，或對有些一般讀者可能產生疑問的簡短文字稍增一兩句引申的解說，並對各文發表後相關的研究進展增加一些說明性的注釋；有的還適當調整結構，將偏長的論述進一步分節；也有一兩篇文章增添了較多篇幅，個別甚至增加了整整一節。經過這樣的處理，希望能讓更多的非專家也可接近於「一目了然」的地步。各文之基本立意和論述，則仍其舊。

二〇〇八年八月於北京

【三十四】舉個簡單的例子，孔祥熙在北伐取勝時説，「從前廣東每年省庫收入，僅三千萬元，而人民已不勝其苦；及歸國府統轄，每年收入一萬萬元，而人民負擔並不覺其重」（《建設的革命·孔祥熙廿四日在青年會講演》，《世界日報》，一九二八年六月二十八日，六版）。宋子文在廣州政府時期推行西式的稅收改革，所收數倍於前，而常受中外史家稱讚，他們大概都和孔祥熙一樣地解讀廣東人民的感受。

【三十五】拙文皆以專業學人為預設讀者，且大多偏長，按這叢書所規定的字數，大約只能容納三篇文章。

西潮與近代中國思想演變再思

西潮與近代中國思想演變的關係是舊題目了。以費正清為代表的「西潮衝擊——中國反應」這一研究近代中國的典範（paradigm），在美國早已被費氏的弟子或再傳弟子視為過時。近年新興的取向是要「在中國發現歷史」，亦即重視中國的內在發展。[一]這是美國漢學界的一大進步，當然是不錯的。的確，像西方、中國、思想這一類詞彙的涵蓋面實在是太廣。即使限定在近代思想史的範圍內，近代西方和中國各自都是變化萬千，而思想的演變是與文化、社會、經濟、政治等的變化密切相關的；中西雙方之思想亦有其各自發展的內在理路。倘若把視點集中到中國，也應記住衝擊中國的西方是個變量；而西潮入侵中國之時，中國本身的傳統也在變（當然雙方也都有許多——或者是更多——不變的層面）。如果僅注意西潮衝擊帶來的變化，而忽視不變的一面，或忽視西方和中國文化傳統自身演變的內在理路，必然是片面的。

但是，不可否認，「西潮衝擊——中國反應」確實是一個重要的歷史現象，是中國近代歷史研究不可回避的一大主題。用這一典範去囊括一切固然是不可取的。但因為這一典範被用得太濫就轉而以為它已可功成身退，恐怕也未必恰當。近代中國士人面臨西潮蕩擊，被迫做出反應，從而引出一系列文化、社會、經濟、政治以及思想的大變化，個人以為對此的研究尚很不足。西潮與近代中國思想演變的能動關係中，還有不少過去未曾得到足夠重視的層面；至少在思想史範圍內，西潮衝擊中國引起的變化及其對今日學術研究的影響還應作進一步的探討。

本文的思路是：中西之間的文化競爭是中外矛盾的關鍵。西方在文化競爭方面是有備而來，中方則是在競爭過程中才逐步認識到學戰的重要，故在不知不覺中被西方改變了思想方式。中國士人沿着「西學為用」的方向走上了「中學不能為體」的不歸路。在失去文化立足點後，更因多層次的心態緊張步入激進化的軌道，造成民國初年思想界群龍無首、不知所趨的局面，為新文化運動準備了時勢造英雄的歷史條件。同時，由於中國士人在文化競爭中的失敗，西方對中國的文化滲透逐漸由中國讀書人來起主要的作用。結果，中西之間形成一種層累堆積又循環往復的膠着，故十九世紀的西潮已成二十世紀的「中國」之一個組成部分。

【一】參見柯文（Paul Cohen）：《在中國發現歷史——中國中心觀在美國的興起》，林同奇譯，北京：中華書局，一九八九。

一、靈台無計逃神矢

一八四八年，馬克思和恩格斯在《共產黨宣言》中說：「資產階級……把一切民族，甚至最野蠻的民族都捲到文明中來了。它的商品的低廉價格，是它用來摧毀一切萬里長城、征服野蠻人最頑強的仇外心理的重炮。它迫使一切民族——假如他們不想滅亡的話——採用資產階級的生活方式：它迫使他們在自己那裏推行所謂文明制度，即變成資產者。一句話，它按照自己的面貌為自己創造出一個世界。」約半個世紀之後（一九〇三年），萬里長城之內的青年魯迅，以一句「靈台無計逃神矢」沉痛地應和了馬、恩的話。王汎森先生說：魯迅的詩「充分道出清末民初知識份子在西方勢力傾覆之下的困境」。同樣，魯迅在此詩中發出的誓言「我以我血薦軒轅」，也道出了許多知識份子愛國救國救文化的共同心願。【二】

一般的看法，中國在近代因落後而挨打，故思變求變，向西方尋求真理。這基本是不錯的。但尋求真理必往西方而不在本國，就很值得研究了。這顯然是中國士人在西潮衝擊下信心大失的明證。林毓生先生曾提出，中國士人有一種從先秦即存在的傳統，即「藉思想、文化以解決問題的方法」。【三】這與一般所謂中國士人對西方的認識是從器物到政制，最後才到思想文化這一過程，似有些衝突。或可以說，「器物—政制—文化」這一遞進的認知進程反映的主要不是中國傳統的認識方式，而更多是近代在西人的誘導下產生的新知。【四】蓋元、清兩朝異族入主，其失敗之慘烈遠在晚清之上，卻少見有人主張蒙古人或滿人的政制、文化要高於漢人。而士人對中國文化的信心仍能保持。何以在清季不過在

【二】王汎森：《古史辨運動的興起：一個思想史的分析》，台北：允晨出版公司，一九八七，頁一。

【三】參見林毓生：《五四時代的激烈反傳統思想與中國自由主義的前途》，收其《中國傳統的創造性轉化》，北京：三聯書店，一九八八，頁一六八—一七四。

【四】「道不離器」本是古訓，由器以見道是讀書人區別於玩物者的一個重要區別。古人更堅持政必須教、由教及政的政教相聯思路。另外，中國人也向有習俗反映甚或代表特定文化認同的看法，前有先秦的「被髮左衽」說，後有清代對頭髮衣服樣式的強調。這些都很容易導致中國讀書人從現象看到文化。但文化自負感甚強的近代讀書人起初根本無意於「看」任何外來的事物，西人逐漸認識到需要以器物之競爭來證明其背後的制度和文化的優劣，並越來越有意識地這樣做，終使中國讀書人放下其文化自負感，開始認真看待外來的衝擊，對「西洋文明」的「看」法逐漸從平視到仰視，更多是一種被動的認知進程。後面會適當論及，更詳細的論述可參閱羅志田：《傳教士與近代中西文化競爭》，《歷史研究》一九九六年六期，頁七七—九四。

沿海被打敗，就對中國文化信心大失？這裏面一個重要原因，就是西人的誘導。

器物與政制與文化分不開，正是來華西人愈來愈強調的思想，並最終以其說服了中國士人。故西人能改變中國人的思想方式這一點，尤其值得探討。屢受西方欺凌的中國人竟會主動向敵人學習，特別是甲午中日戰爭失敗以後，大量的中國學生湧入敵國日本而轉手學習西方，這個現象終究有些不合人之常情。有學者以為，只有文化失敗才可能造成對征服者同時既憎恨又模仿，不僅自認不如人，而且為了自救而忍受向敵人學習的屈辱。【五】中國在近代中西文化競爭中的失敗是明顯的，但是中國士人向敵人學習的情形似乎不能完全以文化失敗來詮釋。在某種程度上，這恐怕也是信心尚存，即確信中學可以為體這一觀念使然。

近代中國除一些割地和少量租界外，領土基本得以保持完整。不平等條約固然侵犯了部分中國主權，但基本的主權仍在中國人手中。這樣，西方雖然力圖在中國取得文化控制，卻不能像在殖民地那樣直接地破除中國的本土文化，只能採取間接的滲透方式。因此，中國士人對西方文化的仇視和抵制通常較殖民地人為輕。領土主權的基本完整，應該是士人確信中學可以為體的根本基礎。由於不存在殖民地政府的直接壓迫，中國人在面對西方壓力時顯然有更大的迴旋餘地，更多的選擇自由，同時也更能去主動接受和採納外來的思想資源。故中國讀書人學習西方的願望和實際行動都遠比殖民地人要主動得多。

不過，中國士人未能認識到，在中國，對文化控制的競爭既是手段也是目的。中國的幅員遼闊、人口眾多、文化悠久、中國朝野對外國入侵的持續抵制，以及帝國主義列強之間相互競爭造成的均勢等因素，使得全面的領土掠奪對列強來說既不合算也不可能。故列強退而採取一種間接的侵略方式，即以條約體系鞏固其非正式控制，同時寄希望於以文化滲透來為以後實質上的經濟利益鋪路。這就使西方需要不僅在物質上，而且恐怕更多是在文化上表現其權勢和優越性。也許正是領土主權的基本完整帶來的潛存信心使中國士人輕視了文化競爭的嚴重性。而西人則是有備而來的。【六】

十九世紀之前，不僅中國士人自認中國為世界文化中心，就是十七、十八世紀來華之天主教耶穌會士在歐洲造成的印象，也認可中國人是「世界上最文明的民族」。【七】但是

【五】Jean-Francois Revel, *Without Marx or Jesus* (Garden City, N.Y., 1971), p.139.

【六】進一步的討論可參閱羅志田：《帝國主義在中國：文化視野下條約體系的演進》，《中國社會科學》二〇〇四年五期，頁一九二—二〇四。

【七】參見Arthur O. Lovejoy, "The Chinese Origins of a Romanticism," in idem, *Essays in the History of Ideas* (New York, 1960), pp.99-135, particularly 102-110.

科技革命和工業革命帶來的發展使西人的自信心與日俱增。故十九世紀來華之新教傳教士對中國文化的看法就遠沒有耶穌會士那樣高，而且隨着其自信心的增強，可以說是與日俱減。在十九世紀三十年代，他們尚認為中國文化典籍至少在量上不僅超過任何非開化民族，而且超過希臘和羅馬。到十九世紀五十年代，他們只承認中國文化優於周邊國家許多，卻已遠遜於任何基督教國家了。【八】

簡言之，到十九世紀中葉，中西雙方都已認為自己的文化優於對方。英國傳教士楊格菲（Griffith John）於一八六九年指出：

> 難道我們不比他們〔按指中國人〕優越許多嗎？難道我們不是更具男子氣，更有智慧，更有技藝，更通人情，更加文明，不，難道我們不是在每一方面都比他們更高貴嗎？根據我們的思想方式，答案是肯定的。但根據他們的思想方式，答案是斷然否定的。而且，要我們改變對此事的看法，與要他們改變看法，幾乎是同樣困難的。【九】

因此，問題最終還是在於到底是誰能使對方改變其思想方式。

但中西之間有一個根本的文化差異：處於中西文化之爭前沿的西方傳教士的最終目的

是在精神上征服全世界，故對於異教徒始終有傳播福音以使其皈依基督教的強烈使命感。但中國儒生對非華夏文化的「夷狄」，則主要是採取「修文德以來之」的方式。若「夷狄」本身無「變夏」的願望，中國士人一般並不覺得有努力使其「變夏」的責任感，更不用說使命感了。

中國傳統行為準則的一個要點即《禮記》所謂「禮聞來學，不聞往教」。要別人先表示了「向學」的願望且肯拜師，然後才鼓勵教誨之。主動向人輸出知識，即是「好為人師」，這樣的行為是不被提倡的。這一準則同樣適用於中外關係。中國對於傾慕華夏文化的「四夷」固表欣賞且予鼓勵，亦可向之傳播中國學問。但「夷狄」若不行夏禮而用夷禮，通常亦聽任之。至於對不友善的「夷狄」，更禁止向其輸出中國文化。西方傳教士

【八】*Chinese Repository*, III:8(Dec. 1834), p. 379; Eliza G. Bridgman, ed., *The Life and Labors of Elijah Coleman Bridgman* (New York, 1864), p. 216.

【九】"Griffith John to the London Missionary Society", ca. 1869, in R. Wardlaw Thompson, ed., *Griffith John: The Story of Fifty Years in China* (New York, 1906), p. 254.

既然是騎在炮彈上飛到中國來，【十】則中國人之不欲讓其了解中國文化，正在情理之中。十九世紀中西接觸之初，不僅中國書籍是嚴禁出口給西人，就是中國語言文字也是不准教授給西人的。因此，西方傳教士遠比中國儒生更熱衷於使對方改變其思想方式。中西文化之爭，是以自覺而帶進攻性的西方向防禦性的中國挑戰為開端的。中國士人自覺地認識到這是一場文化競爭，已是在西方發動一系列進攻之後了。

中西文化競爭的第一步，就是要證明自身的文化優於對方。中國士人既然是競爭中被動的一方，一開始並未感到有必要證明其文化的優越。且中國人視經典文獻為華夏文化的核心，而文化典籍的優劣是很難靠自身證明的。但有備而來的西人在聲稱其文化優越的同時，尚攜有近代工藝技術為證明的手段。早期的中西衝突多在沿海，航海和海防恰又是中國工藝技術最為薄弱之處，乃進一步加強了西強中弱的認知。【十一】

強勢本身也是一種說服的手段。船堅炮利的力量不僅在於其軍事的效率，而且在於其體現船炮製造者本身的優越性。英國在鴉片戰爭中有意識地使用當時最先進、也是英國第一艘鐵甲艦復仇女神號（the Nemesis），就是要向中國人顯示其最新的近代技術。這一着顯然達到了目的。「船堅炮利」給中國人的印象極深，在很長一段時間裏基本上成為中國思想言說中西方「長技」的代名詞。【十二】

但是，對尚文輕武的中國士人來説，船堅炮利雖然能夠證明西人有「長技」，尚不足以證明西方文化的優越。許多西方人，特別是傳教士，的確也更願意採取和平的直接説服的方式。蓋強制只會造成口服心不服，説服才可導致真正的心服。一般而言，傳教士雖然以征服為目的，其出發點通常是善意的。蓋大多數傳教士的確相信基督教和西方文化的傳播對中國有好處。當其採用和平的説服方式時，這種善意就容易體現出來，也就可能緩解中國士人對西方文化的抵觸。可以説，西方對中國的文化侵略之所以遠比政治、軍事和經濟的侵略更成功，正是因為傳教士不完全認同於炮艦政策和不平等條約體系。而且其成功的程度，基本上與其疏離於炮艦和條約的程度成正比。

【十】參見蔣夢麟：《西潮》，台北：中華日報社，一九六一年四版，頁三。其原話是：「如來佛是騎着白象到中國的，耶穌基督卻是騎在炮彈上飛過來的。」

【十一】參見詹森（Marius B. Jansen）為羅茲曼（Gilbert Rozman）主編的《中國的現代化》（中譯本，南京：江蘇人民出版社，一九八八）所寫的第二章：《國際環境》，特別是頁四一—五七。

【十二】參見Daniel R. Headrick, *The Tools of Empire: Technology and European Imperialism in the Nineteenth Century* (New York, 1981), pp. 43-54.

當然，傳教士最後選擇和平說服為主要手段也是有個過程的。在中西交往初期，許多傳教士也曾在不同程度上支持過對中國人使用武力或使用武力為威脅手段，以迫使中國「開放」。這種明顯違背基督教義的行為，在一定程度上是受中世紀西方尚武心態之無意識傳承的影響。故傳教士本身也經歷了一個近代化的過程。傳教士自己在十九世紀末變得近代化亦即更加尚文之後，他們曾選擇了以傳播西方科學這個手段來證明西方文化的優越。這一點只取得了部分的成功。但他們畢竟播下了種籽。當傳教士最後集中於利用出版物來影響中國讀書人時，由於適應了中國士人的行為習慣，其效果即開始凸顯出來。【十三】

正如胡適在一九二六年對英國人所說：「中國人不能在脅迫下接受一個與其信念相左的新文明。必須有一個說服的過程。」【十四】胡適自己是提倡或贊同某種程度的西化的，但他卻不能接受壓服。反過來看，和平的說服有時確能造成中國士人對西方文化輸入的主動配合，儘管配合者自己通常並未意識到他們所起的作用；其動機和目的，即要使中國富強並最終凌駕於西方之上，也與傳教士的動機和目的完全相反。但傳播和推廣西學的角色，在「西學為用」成為士林共識以後，逐漸更多由中國士人自己承擔起來，也的確是事實。

二、西學為用

類似「中學為體，西學為用」的說法，馮桂芬大約可以說是始作俑者。馮主張為了攘夷，不妨先降格師事西人。為此，馮將西方文化區分為禮和器兩種不同類型，器可用而禮不必學。其要在「以中國之倫常名教為原本，輔以諸國富強之術」。【十五】故馮實開了後來的「中學為體，西學為用」之先河。不過，馮氏一書所作雖早，流傳卻晚。早年僅以抄本傳，至十九世紀八十年代始有刻本。到一八九一年，康有為主張，「必有宋學義理之體，而講西學政義之用，然後收其用也」。【十六】次年，鄭觀應也明言「中學其本也，西學其

【十三】這個過程相當曲折複雜，參見羅志田：《傳教士與近代中西文化競爭》，《歷史研究》一九九六年六期，頁七七—九四。
【十四】胡適：《胡適的日記（手稿本）》，全十八卷，台北：遠流出版公司，一九八九—一九九〇，一九二六年十月八日，原無頁。
【十五】馮桂芬：《校邠廬抗議．製洋器議、採西學議》，上海：上海書店出版社，二〇〇二，頁四九—五一、五五—五七。
【十六】轉引自王汎森：《古史辨運動的興起》，頁一七七。

末也」。到一八九六年，梁啟超指出：「捨西學而言中學者，其中學必為無用；捨中學而言西學者，其西學必為無本，無用無本，皆不足以治天下。」兩年之後，張之洞在《勸學篇》中整合諸家之說，系統表述了「舊學為體，新學為用，不使偏廢」的觀念。【十七】可以說，到十九世紀九十年代，這一觀念基本已成時人共識。

不過，須注意甲午中日戰爭的轉折性影響。如梁啟超所說，是在「甲午喪師，舉國震動」之後，「中學為體，西學為用」才成為「流行語」的。【十八】嚴復甚至以為這就是甲午後的產物，他說，中國士大夫「經甲庚中間之世變，惴惴然慮其學之無所可用，而其身之瀕於貧賤也，則倡為體用本末之說」。【十九】此亦甚有所見，蓋「中學為體、西學為用」之類似說法固可能回溯到較早，但其具體的意謂在甲午前後卻有很大的不同。後之表述雖借鑒或繼承了前之說法，卻已賦予了非常多的新意。最簡單的區別，即在馮桂芬那裏，中西學的主輔位置是非常明確的；【二十】而張之洞的《勸學篇》卻強調對兩者都要「不使偏廢」，顯然更多代表甲午後的新知。從文化競爭的角度言，這一看似簡單的差異代表着立場的重大轉變，決不可小視。

過去講到「中學為體，西學為用」時，通常傾向於將其說成是為了維護綱常名教。其實若細察時人之意，恐怕其目的和重心都在「西學為用」之上。而且，不僅梁啟超、張之洞等人是如此，就是那些以西學比附中學之人，許多也是為了「投合吾國好古之心，而翼其說之行」。【二十一】蓋主張變法之人，不過要學習西方，並無廢棄中學之意。惟守舊之人對此不甚了解，張之洞將體用之關係講明，正可釋反對派之心結。【二十二】實際上，如果沒

【十七】各家説法皆轉引自余英時：《中國思想傳統的現代詮釋》，台北：聯經出版公司，一九八七，頁五二二；丁偉志、陳崧的《中體西用之間》（北京：中國社會科學出版社，一九九五）對「中體西用」觀念的淵源流變有詳細的研究，參見頁一三九—一七三。

【十八】梁啟超：《清代學術概論》，朱維錚校訂，上海：上海古籍出版社，一九九八，頁九七。

【十九】嚴復：《與〈外交報〉主人書》，《嚴復集》，王栻主編，北京：中華書局，一九八六，第三冊，頁五六一。

【二十】薛福成在一八八五年仍說：「取西人器數之學，以衛吾堯、舜、禹、湯、文、武、周、孔之道，俾西人不敢蔑視中華。」薛福成：《籌洋芻議》，《薛福成選集》，上海：上海人民出版社，一九八七，頁五五六。

【二十一】攻法子：《敬告我鄉人》，《浙江潮》二（一九〇三年三月），《辛亥革命前十年間時論選集》（以下徑引書名），卷一下，北京：三聯書店，一九六〇，頁五〇〇。

【二十二】張之洞撰寫《勸學篇》時對此已有非常清楚的「問題意識」，他正是針對着「圖救時者言新學，慮害道者守舊學，莫衷於一」的現狀而立言。張之洞：《勸學篇．序》，《張文襄公全集》（四），北京：中國書店一九九〇年影印本，頁五四四。

有學習西方的時代需要，中學為體恐怕根本就不會成為士人所考慮的問題。也就是說，在中體西用這一體系之中，中體雖置於西用之前；但從其產生的歷史看，中體實在西用之後。

具體言之，《勸學篇》中講「西學為用」的篇幅即多於講「中學為體」者。張氏並在序中明言，中學也以「致用為要」。可知全篇都重在一個「用」字上。再參之以一九〇二年張之洞與劉坤一合奏的「變法三疏」，其目的和重心就昭然若揭了。言用而必言西，實已暗示中學至少在當下已無多大用處。更重要的是，張氏又發揮其旨意說，如今言西學，「西藝非要，西政為要」。[二十三] 在往西走的路上又進了一大步。中學既以致用為要，西學復以西政為要，則中體西用這一體系之中的「中體」實已被「西用」挖了牆腳。張氏所欲堅持者，唯中國文化之基本價值觀念也。其餘一切，大約均可不同程度地「西化」。

問題在於，西政恰是建立在西方的基本價值觀念之上的。要將其用之於中國而又要不改變中國的基本價值觀念，這是一個極難處理的問題。嚴復已看到了這一點。他在一九〇二年駁斥「中體西用」這一提法時指出：「中學有中學之體用，西學有西學之體用；分之則並立，合之則兩亡。」[二十四] 嚴復此時之意，頗接近後來的「全盤西化」，此不詳論。從根本上看，這是一個文化體系究竟是否可分的問題。

從魏源到梁啟超那許多中國士人都傾向於認為文化體系是可分的，故有可能接受或採納異文化的某些部分，並整合進自己的文化之中。從魏源提出「師夷之長技以制夷」以來，許多中國士人一直在尋找一個中西文化之間的會接點。「中學為體，西學為用」正是這一觀念的典型表達。而且，文化可分論也是中國士人藉以避開認同問題的實際理論依據。中國士人可以接受許多西方東西而不覺十分於心不安，仍能保持其中國認同，就是有文化可分論作基礎。清季士人講西學源出中國也好，講中體西用也好，多半都是在保持中國認同的基礎上，為引進西方文化找依據。

但是，十九世紀的西方傳教士基本是主張文化體系是完整不可分的（這當然與基督教一神獨尊的排他性相關聯）。他們以為，對異文化要麼整體接受，要麼全盤拒斥，沒有什麼中間立場。即其所謂：「欲求吾道之興，必先求彼教之毀。」【二十五】因此，對中國士

【二十三】張之洞：《勸學篇．序》，《張文襄公全集》（四），頁五四五。

【二十四】嚴復：《與〈外交報〉主人書》，《嚴復集》，第三冊，頁五五八—五五九。

【二十五】宓克著、嚴復譯：《支那教案論》，轉引自王守中《略論反洋教鬥爭的矛盾問題》，收入《近代中國教案研究》，成都：四川社會科學院出版社，一九八七，頁三七。在某種程度上，晚清那些主張「翼教」的人，在文化不可分這一點上倒與西方傳教士的觀念接近。此不詳論。

人來說，學習西方頗有點不歸路的意味。以今日的後見之明來看，近代中國人學西方真可說是「邯鄲學步，反失其故」。而之所以失了自己的「故」，原因固然甚多，但其中一個重要原因就是西人所堅持的文化整體論。要學習異文化，必同時擯棄己文化。兩者不能妥協，也就談不上什麼會接了。

馮友蘭說：「清末人本以為西洋人是野蠻底，其所以能蠻橫者，純靠其有蠻力。對於有蠻力者之蠻橫，亦只可以蠻力應付之。」故「清末人之知注重力」，部分也是他們「看不起西洋人之所致」。【二十六】但是，中國人既然開始注重力而擱置自以為所長的理，實際上已開始接受西方的思想方式。其早年提出「師夷之長技以制夷」，是覺得「夷人」不可以理喻，不得不講求力，還是降而求其次的意思。到同治年間辦洋務求自強，主張「破華夷之界」，雖仍未離師夷長技的思路，實已無降格之意，而漸有拔高中國自己之心。彼時反對師事西方的葉德輝已不得不反對「以國之強弱大小定中外夷夏之局」。【二十七】葉氏所反對者，雖然未必就是其對立面所直接提倡者，但葉既感有必要提出反對之，大約已漸有類似的認知出現。後來一些中國人自認野蠻，正是以強弱分夷夏的結果。

這裏仍有西潮的影響。中國傳統本崇讓不崇爭。《春秋穀梁傳》（定公元年）說：「人之所以為人者，讓也。」許多人心裏未必真喜歡讓，但表面上仍不得不崇之，蓋世風使然也。這正是赫胥黎所強調的後天倫理作用，在嚴復翻譯的《天演論》，尤其是流行的節本中，已大為淡化。西潮入侵，國人由重理轉而重力。過去受壓抑的法家耕戰思想被重新「發現」，進而引發出商戰以至學戰思想，【二十八】「爭」乃漸具正面價值。這是後來「物競」思想流行的土壤，只是還缺乏系統的表達。《天演論》能風行於世，正在其不僅解答了中國何以敗——因劣，而且提出了解決的路徑——即爭。國人已先有爭的意識在，《天演論》自能不脛而走。要言之，爭的觀念因西潮而顯，亦由西潮為之正名。美國史家史景遷（Jonathan D. Spence）在其關於中國近代的新著封面上以中文大書一「爭」字，【二十九】蓋有所得焉。尚爭而不尚讓，正是中國近代與前近代的一個重要區別。

【二十六】馮友蘭：《新事論》，收入其《貞元六書》，上海：華東師範大學出版社，一九九六，頁二三八。

【二十七】葉德輝：《郋園書劄．與皮鹿門書》，長沙：中國古書刊印社，一九三五年《郋園全書》彙印本，頁9B。

【二十八】參見王爾敏：《中國近代思想史論》，台北：商務印書館，一九九五，頁二四四—二四七。

【二十九】Jonathan D. Spence, *The Search for Modern China* (New York, 1990).

到嚴復譯述《天演論》，特別是他化約為「優勝劣敗，適者生存」的簡單公式得到廣為傳播時，已經注重力並且尊西的許多中國士人很快被説服就不足為奇了。甲午兵戰失敗，士人紛紛尋因。《天演論》一出，簡明而系統化，而人皆以為言其所欲言。蓋重力尊西尚爭的傾向已為嚴復版進化論的風行準備了語境。有此理論，強力就成了最好的説服手段。一旦勝者是因為其文化優越這樣一種觀念在士人心中樹立起來，失敗者的傳統自然崩散如碎粉。既然中國屢屢戰敗，則其文化必然低劣。中國人以前是不以成敗論英雄的，因為中國歷史上兩個從人變成神的關羽和岳飛，以及一個半人半神的諸葛亮，都不是成功者。如今則承認敗即是劣，可知其價值觀念已完全轉到西方一邊了。西方在改變中國人思想方式一點上已基本成功。

故此，中國士人一旦主動學習西方，西方文化優越性的確立就只是時間問題了。從「夷務」到「洋務」再到「時務」，由貶義的「夷」到平等的「西」再到尊崇的「泰西」，西方在中國人思想中的地位步步上升。一八九一年，康有為已指出當時士人「稍知西學，則尊奉太過，而化為西人」。【三十】到一八九八年，傳教士立德（Archibald Little）已肯定地寫道：「西方思想方式〔在中國〕取得控制地位的日子一定會來到」。【三十一】若比較立德的滿懷信心與一八六九年時楊格菲的猶疑，中國思想界的變化之大就可見一斑了。

其實問題並不在康有為所說的「知」多少西學。太平天國以還，出將入相影響朝政最大的幾位漢臣如曾國藩、李鴻章、張之洞，以及後來的維新變法諸人，均是在往西走的方向之上，而且愈走愈遠。在這種情形下，「喬木世臣、篤故舊紳，亦相率襲取口頭皮毛，求見容悅」。【三十二】如此流風所播，到二十世紀初，國粹學派的鄧實已形容當時知識界的風氣是「尊西人若帝天，視西籍若神聖」。故余英時師判定：「西方理論代表普遍真理的觀念」，在一九〇五—一九一一年間已「深深地植根於中國知識份子的心中」了。【三十三】

中國士人提出「中學為體，西學為用」，並敢於將重心放在後者之上，是基於中學可以為體而文化體系可分的信念。但由於未能認識到文化競爭的嚴重性，就順着「西學為用」的路徑走入了西方的思想方式。一旦中國人承認自己文化低劣，則為了自救，除了學

【三十】轉引自王汎森：《古史辨運動的興起》，頁一七七。

【三十一】Archibald Little, *Gleanings From Fifty Years in China* (London, 1910), p. 37.

【三十二】黃遠庸：《新舊思想之衝突》，收在《黃遠生遺著》，台北：文海出版社影印上海一九三八年增訂本，卷一，頁一二〇。

【三十三】余英時：《中國知識份子的邊緣化》，《二十一世紀》（香港），六期（一九九一年八月），頁二三，鄧實的話也轉引自同頁。

習西方之外別無選擇。在這種情形下，自以為「野蠻」，主張為重建新中國新文化而破壞自己的傳統，都是順理成章的發展。到一八九五年，嚴復就認定所有中國學問既不能致中國於富強，也不能救中國於危亡，故通通可說是「無用」，皆應暫時「束之高閣」。【三十四】一句話，中學已不能為體。

三、中學不能為體

蔣介石在《中國之命運》（據說主要為陶希聖所撰）中說：「中國人本為不甘心做奴隸而學西洋的文化，然而結果卻因學西洋的文化，而在不知不覺之中做了外國文化的奴隸。」這正是在「西學為用」之後，中學卻不能為體這個詭論性（paradoxical）現象的具體寫照。嚴復在甲午之後主張把無用的中國學問「束之高閣」，已道出了中學不能為體的消息。不過，嚴復這樣的「先知先覺者」，起初尚不能代表整個中國思想界。隨着中國在義和團一役的再次慘敗，嚴氏的觀念不久終成為士人的共識。

一九〇三年，一個湖南留日學生自問：「中國有何種學問適用於目前，而能救我四萬萬同胞急切之大禍也？」這一問十分有力，而答案是否定的。故他斷定：「惟遊學外洋者，為今日救吾國唯一之方針。」而且，據此人的看法，中國學問不僅不能救亡，實則中國面臨亡國亡種的危局，正「守舊主義鄙棄西學者之一方針之所釀成」。【三十五】這個看法在當時恐怕有相當的代表性。

這也是中西學戰的結果。章太炎注意到，西人欲絕中國種性，必先廢其國學。初僅傳教士鼓動之。後留學生接受了西人觀念，以為中國科學不如西方，遂謂「一切禮俗文史皆可廢」。【三十六】蓋帝國主義侵略所至，總要爭奪被侵略國的文化控制權。其主要的方式，就是貶低打壓本土文化。在此文化競爭中，一般而言，被侵略各國的人民有一個共同的傾向，即回向傳統尋找思想資源和昔日的光榮以增強自信心。【三十七】康有為革新孔子，雖然

【三十四】轉引自Benjamin Schwartz, *In Search of Wealth and Power: Yen Fu and the West* (Cambridge, Mass., 1964), p. 87.

【三十五】《勸同鄉父老遣子弟航洋遊學書》，《遊學譯編》六（一九〇三年四月），《辛亥革命前十年間時論選集》，卷一上，頁三八一——三八四。

【三十六】章太炎：《清美同盟之利病》，《章太炎政論選集》，湯志鈞編，北京：中華書局，一九七七，上冊，頁四七五。

【三十七】Cf. Isaiah Berlin, "The Bent Twig: On the Rise of Nationalism," in idem, *The Crooked Timber of Humanity* (London, 1990), pp. 238-261.

已攙和了不少西洋內容，到底還是在傳統中尋找思想資源。但中學不能為體之後的中國人則反是，他們回向傳統看到的更多是問題和毛病。

結果，不僅中國學問是無用有害，中國風俗也變得野蠻起來。一九〇四年，一位署名陳王的作者在討論中國婚禮之弊時，先略述西方婚俗，斷言已「足徵其風俗之至則，人倫之樂事」。再「返而觀之中國之社會」，所見則是「婦姑勃谿矣，兄弟鬩牆矣，而大好之家庭，自此終無寧歲」。他進而總結出六條中國婚禮的通弊，下結論曰：「世界皆入於文明，人類悉至於自由，獨我中國，猶堅持其野蠻主義、墨守其腐敗風俗，以自表異於諸文明國之外；遂使神明之裔瀕於淪亡，衣冠之族儕於蠻貉。」【三十八】

論者顯然是先存西文明中野蠻之定見，據西例以返觀中國家庭。其實，中國婚姻固不尚自由選擇，而家庭之穩固則遠過於西方。論者本不知西，而敢下斷語，足見中西文野之殊，已成為時人固定認知。認知一變，再據此義檢討所有中國制度風俗，自無不野蠻腐敗，「儕於蠻貉」，固亦宜焉。惟彼時人所用之「野蠻」，實亦與「文明」相對應，要皆新入之西詞，已不盡是中文原始之意。其價值判斷的強烈，猶遠過於中文原始之意。

孔子嘗謂：我欲仁，斯仁至矣。章太炎反推而言之曰：我欲不仁，斯不仁至矣。傳統範圍本來博大，要找什麼通常就能找到什麼。關鍵還是人的主觀取向在起作用。且中國傳統本有一種「反求諸己」的取向。用今日的話說，就是有了問題先作自我批評。故我們若看本世紀初以來的中國思想言論，凡說及中國的弊病，均下筆順暢，出口成章；到說及救弊治病之法，則又多婉轉羞澀，常常不知所云。到辛亥革命之前，據太炎的觀察，反求諸己的取向已造成「糜爛不可收拾」之局面。【三十九】中學不能為體已是顯而易見了。

問題在於，如果中學不能為體，西學也就難以為用。錢穆指出：中體西用雖然是晚清士人的共識，但當時的人「實在也並不知道中學之體是一個什麼體。自己認識不足，在空洞無把柄的心理狀態中，如何運用得別人家的文化成績」？故「西學為用」其實也是不成功的。而空洞無把柄的心理狀態，既是體用皆空的重要原因，更造成思想上的激進。如錢穆多觀察到的，晚清中國思想界正由專重經典轉向積極入世，此時也是積極入世的西方思想進入，本易相投契。但積極入世在知識上和思想上都應有更多準備，中國思想界則對此準備不足，「自己沒有一明確堅定的立腳點」，在西潮猛烈衝擊之下，反而產生種種衝突

【三十八】陳王：《論婚禮之弊》，《覺民》（一九〇四），《辛亥革命前十年間時論選集》，卷一下，頁八五四—八五八。

【三十九】參見王汎森：《章太炎的思想》，台北：時報出版公司，一九九二，頁八一。

阻礙，「由此激起思想上的悲觀，而轉向極端與過激」。【四十】結果就是近代中國思想界的激進化。

對中國士人來說，不過幾十年間，就由文明變野蠻、由自視為世界文化中心到自居世界文化的邊緣，這中間的心態轉變，必然是極其複雜的。不過，中國士人得出必須學習西方的共識，並逐漸以西方為本位，亦有其思想演變的內在理路。蓋中國士人學習西方的最終目的，還不僅是要生存，而且是想要凌駕於西方之上。這可以說是一種理學模式的反應。陶希聖曾指出：「理學是什麼？理學即一面援道與佛，一面排道與佛，而開創的儒學思想體系。」【四十一】「師夷之長技以制夷」的口號由理學家魏源最先喊出，亦良有以也。

這樣的觀念在從馮桂芬到孫中山這些人的思想中都佔據重要位置。馮在其名作《校邠廬抗議》中詳論中國自強之道，主張半數以上的士人都改從西學。其根本的考慮就是要「出於夷而轉勝於夷」。他提出學西方的具體方法是：「始則師而法之；繼則比而齊之；終則駕而上之。」當時反對學習西方的理學家倭仁，與馮桂芬的觀念有同有異。兩人都要攘夷，也都相信中國不患無才。但倭仁以為只要發揚中國的傳統學問，就「足以駕西人而上之」，而不必「師事夷人」。馮則以為，攘夷「必實有以攘之」；為了最終的「駕而上之」，不妨先降格師事西人。只要將西方文化區分為禮和器兩類，則「用其器非用其禮也；用之乃所以攘之也」。【四十二】「用」是為了「攘」這個觀念也為後人所傳承，孫中山在《三民主義》中就再三說到要駕乎歐美之上。【四十三】

理學模式中潛藏的這種有時並不自覺的關懷和目的感，與讀書人當下進行的學習西方的具體行為之間，不免存在一種心態的緊張。中國士人既視西人為「夷狄」而不太看得起，且中國與此新出現的「夷狄」更常處於一種敵對的狀態之中，現在反要向其學習，而學習的目的又是「制夷」，其中的多重尷尬是不言而喻的。更有甚者，如章太炎所觀察到的：這些「始創自由平等於己國之人，即實施最不自由平等於他國之人」。【四十四】故中國

【四十】錢穆：《中國思想史》，香港：新亞書院，一九六二，頁一六五。

【四十一】陶希聖：《北大、五四及其應負的責任》，《學府紀聞——國立北京大學》，台北：南京出版公司，一九八〇，頁四一。

【四十二】馮桂芬：《校邠廬抗議．製洋器議》，頁五〇—五一。倭仁語見《籌辦夷務始末（同治朝）》，寶鋆修，台北：文海出版社，一九七一，卷四七，頁二四；卷四八，頁一六。

【四十三】孫中山：《三民主義》（一九二四），《孫中山全集》（九），北京：中華書局，一九八六，頁三一四、三四二、三四五—三四六。

【四十四】章太炎：《五無論》，《民報》，十六號，頁七。

士人對學習西方，真是別有一番滋味在心頭。心態的緊張又常常容易引起焦慮，因焦慮而更產生一種激進的情緒，【四十五】急於求成，以擺脫這不得不進行的學習「夷狄」的尷尬。

而且，中國士人思想的激進化尚隱伏着更深層次的緊張。蓋中國士人雖然漸以西方為本位，卻只是有意為之，未必能完全做到。由於中國社會實際上沒有西化，讀書人不管意願多麼強烈，終不可能完全超越社會存在而懸想。同樣，即使那些西向的中國讀書人自身也未能真正的西化。正如傅斯年對胡適所說：「我們的思想新、信仰新，我們在思想方面完全是西洋化了；但在安身立命之處，我們仍舊是傳統的中國人。」【四十六】胡適、傅斯年雖然處處努力以西方標準衡量中國事情，但到底只是心嚮往之，終不能完全擺脫羈絆，到達彼岸。社會存在與士人願望之間、讀書人安身立命的基本行為準則與其思想取向之間這樣的雙重差距，以及與後者密切關聯的個人認同問題，造成一種更難化解的心態緊張。【四十七】進一步促成了近代中國思想的激進化。

同時，這裏面也有一些中國士人在主動推波助瀾。中國士人向有一種以天下為己任的超越意識。康有為以為：「民不可使知。故聖人之為治，常有苦心不能語天下之隱焉。其施於治也，意在彼而跡在此。」這樣，讀書人「可以犯積世之清議，拂一時之人心，蒙謗忍詬而不忍白焉」。【四十八】梁啟超對此領會獨深而行之甚力。他說：言救國者不可不犧牲其名譽，「如欲導民以變法也，則不可不駭之以革命。當革命論起，則並民權亦不暇駭，而變法無論矣」。通常「所駭者過兩級，然後所習者乃適得其宜」。故「導國民者，不可不操此術」。若「吾所欲實行者在此，則其所昌言不可不在彼；吾昌言彼，而他日國民所實行者不在彼而在此焉」。這樣，即使後人笑罵其為偏激無識，「而我之所期之目的則既已達矣」。【四十九】

故梁啟超在戊戌維新前後，即以昌言冒險進取和破壞主義而著稱。惟梁氏對中國國民的保守恐怕估計過高，特別是在中學不能為體之後，中國思想界本已不復保守而趨激進。

【四十五】Cf. Erich Fromm, *Escape from Freedom* (New York, 1941).

【四十六】《胡適日記全編》，曹伯言整理，合肥：安徽教育出版社，二〇〇一，一九二九年四月二十七日，第五冊，頁四〇四。

【四十七】參見Joseph R. Levenson, *Liang Ch'i-ch'ao and the Mind of Modern China*, 2nd ed. (Berkeley, Calif., 1967).

【四十八】康有為：《康子內外篇・闔闢篇》，《康有為全集》（一），姜義華、吳根樑編校，上海：上海古籍出版社，一九八七，頁一六七。

【四十九】梁啟超：《敬告我同業諸君》，《辛亥革命前十年間時論選集》，卷一上，頁二二一。

以梁在世紀之交的影響，更有意識地操此術以「過兩級」的方式昌言破壞，乾柴遇上烈火，「破壞」遂成彼時思想論述中的口頭禪。他之本意雖或未必真那麼偏激，但其追隨者在激進的道路上就走得不知有多遠了。梁氏在《新民說》中自謂：「非有不忍破壞之仁賢者，不可以言破壞之言；非有能回破壞之手段者，不可以事破壞之事。」【五十】

但破壞這樣的觀念，豈是可以輕易提倡的。梁氏自己不僅沒有「回破壞之手段」，後來更被其追隨者視為保守而摒棄了。民初和梁氏一樣開一代風氣的胡適，自謂其受梁的影響甚大，但也遺憾地指出，「有時候，我們跟他走到一點上，還想望前走，他倒打住了」，這使「我們不免感覺一點失望」。【五十一】胡適是以溫和不激進而著稱的，尚且有這樣的感覺，其他人就更不用說了。

此時從西方輸入的使命感更加強了中國士人因多層次心態緊張而產生的激進情緒。清末民初之人「畢其功於一役」的觀念甚強。其實這個觀念恐怕也多半是舶來品。中國傳統觀念是趨向漸進的，主張溫故知新，推崇十年寒窗、滴水穿石的漸進功夫。漢滅秦，尚承秦制；清滅明，亦承明制。雖有改變，大抵是出新意於舊制之中。鼎革之時尚且如此，遑論平素。只有感染了西方的使命感之後，才會有一舉全部推翻之氣概。清季人在本朝而非鼎革之時，即主張將全國的大經大法一舉全部改革，這樣的觀念，大抵是受西潮影響而生成的。

結果，積極入世的近代士人對也是積極入世的西方思想的建設性一面接受的並不多，倒是對近代西方那種與傳統決裂的傾向則頗有領會。陳獨秀將「近世歐洲歷史」化約為一部「解放歷史」，即在政治、經濟、社會等各方面與傳統決裂。【五十二】這一認知最能體現這種對西方歷史的選擇性領會，而又與中國傳統的「反求諸己」取向暗和。再加上前述中國領土主權基本保存所產生的潛在信心，在一定程度上又支持了「反求諸己」的取向，導致一種「我自己能夠敗，我必定自己能夠興」【五十三】的自信觀念。

這種種因素與近代中國的激進化扭結在一起，便產生出特殊的後果。近現代中國士人

【五十】梁啟超：《新民說》（一九〇二—一九〇三），《飲冰室合集·專集之四》，北京：中華書局一九八九年影印，頁六七—六八。

【五十一】胡適：《四十自述》，上海：上海書店影印亞東圖書館一九三九年版，頁一〇〇。

【五十二】陳獨秀：《敬告青年》，《新青年》，一卷一期（一九一五年九月），頁一—六。

【五十三】君衍：《法古》，《童子世界》三十一（一九〇三年五月），《辛亥革命前十年間時論選集》，卷一下，頁五三二。

的一個共同心結，即大家為了中國好，卻偏偏提倡西洋化；為了愛國救國，偏要激烈破壞中國傳統。結果出現破壞即救國，愛之愈深，而破之愈烈，不大破則不能大立的詭論性現象。【五十四】愛國主義與反傳統在這裏奇特地結合在一起。

沿此趨勢發展下去，更形成不學西方就是保守，而保守就不愛國的認知。民國以還，中國已出現一種對「新」的崇拜，形成了新即是善、舊即是惡的價值判斷。【五十五】林語堂在一九二六年參與東西方文明討論時，認識到那些講東方精神文明者多少有些「東方的忠臣義子愛國的成分」。他主張愛國要搞清楚利害，若「反以保守為愛國，改進為媚外」，則對中國自身不利。【五十六】林氏的觀點正確與否暫可不論，惟在「以保守為愛國」之前加一「反」字，實透露出保守即不愛國的潛台詞。且林氏這樣說時毫不感覺有加以解釋界定的必要，可知這已是許多人的共識。林語堂在民國遠非以激進著稱，尚且有此認知，餘人之觀念自可想見。

不過，近現代中國讀書人反傳統固然有愛而知其醜的一面，其潛意識裏也未嘗沒有以夷制夷這個理學模式傳統的影響在。蓋中國讀書人打破傳統是為了要建立一個更新更強的國家，正是為了這個目的才學習西方。且西方文化本主競爭，中國若真西化，亦必與之一爭短長。故中國人學西方的同時又要打破自身的傳統，無非是在「畢其功於一役」這個觀念的影響下，想一舉凌駕於歐美之上。以前是借夷力以制夷，後來是借夷技、夷制、夷文化以制夷，最終還是為了要「制夷」。這一點大約是西方誘導者始料所不及的。

四、餘論：西潮成了中國之一部

西潮東漸以前，中國的發展基本上遵循一種「在傳統中變」（change within tradition）的模式。[五十七]由於西潮的衝擊，更因西方要迫使全世界跟着它變，這樣一種「出新意於法度之中」的變化模式在近代中國實已難以繼續維持。儘管西方自身在十九世

【五十四】參見余英時：《中國思想史上的激進與保守》，收入其《錢穆與中國文化》，上海：遠東出版社，一九九四，頁一八八—二二二；王汎森：《古史辨運動的興起》。

【五十五】參見羅志田：《胡適與社會主義的合離》，頁一九—二四。

【五十六】林語堂：《機器與精神》，《林語堂論中西文化》，上海：上海社科院出版社，一九八九，頁六五。

【五十七】這個術語借用自E.A. Kracke, Jr., "Song Society: Change within Tradition," *Far Eastern Quarterly*, 14:4(Aug. 1955), pp. 479-88.

紀二十世紀也充滿變化，有時甚至是劇烈的變化，但對西方來說，即使是與傳統決裂，仍可以是在傳統中變。在中國則反是。對中國而言，僅僅是要生存，用當時人的話說，就是要保存中國的種姓和國粹，也不得不至少學習造成西方強大的那些秘訣。雖然各人的具體理解並不一樣，「向西方學習」的確是清季以來中國士人的共識。在西人的引導之下，中國士人逐漸認識到，西方之所以強大，並非只是靠其科技和工藝，在此之後尚有更重要的制度和價值觀念。中國人一旦接受這樣一種西方思維，其所尋求的改變就只有遵循一個向西走的方向，也就只能是在傳統之外變（change beyond the tradition）了。

如果把近代中西文化交往視作兩大文化體系競爭的話，至少在常規的可視層面，正如羅榮渠師指出的，中國一方是「打了大敗仗，發生了大崩潰」。【五十八】清季中國士人本來是以文野分華夷，自視為世界文化中心，而視洋人為野而不文的「夷狄」的。到後來則主動承認西方為文明。幾十年間，從降節學習「夷狄」之「長技」，到傾慕「泰西」的學問、蜂擁出洋遊學，更進而自認野蠻，退居世界文化的邊緣。由此可知中國文化在這場競爭中的失敗有多徹底。假如我們可以把前引馬、恩話中的「資產階級」換為「西方」的話，大致從十九世紀最後幾年起，雖然「商品的低廉價格」尚在長城之外徘徊，可以說西方已用其他的方式迫使中國人在文化上按照西方的面貌來改變中國的世界。

失敗之餘，中國文化思想界就成了外來觀念的天下，給他人作了戰場。我們如果細查當時讀書人提出的各種救國救文化的路徑，大多與西方有關。之所以如此，正是因為二十世紀上半葉在中國風行競爭的各種思想體系，即各種「主義」，就極少有不是西來者。【五十九】近代中國政治思想言說（discourse）中最具標幟性的關鍵字（keywords），如「平等」、「民主（民治）」、「科學」、「自由」等，也幾乎無一不來自西方。從民初的「問題與主義」論戰，到二十世紀二十年代的「科學與玄學」論戰，再到三十年代的「中國社會性質」論戰，在在均是西與西戰。

五四新文化運動時期西向知識份子攻擊傳統最多的，不外小腳、小老婆、鴉片和人力車。其中後兩樣便是西人帶來的。鴉片是不用說了。人力車雖不是純西洋貨，本由日本人創造；但其流入中國，卻是由先在日本的西方傳教士帶到中國來的。其最初的乘坐者，也

【五十八】羅榮渠：《論美國與西方資產階級新文化輸入中國》，《近代史研究》，一九八六年二期，頁七八。

【五十九】即使是最具中國特色的孫中山的三民主義，雖然也確實結合了一些中國文化因素，但以孫本人常用林肯的「民有、民治、民享」來概括其主義，即可見其淵源之一斑。

多是租界裏的西洋人。舶來品竟然成了中國傳統——即使是壞傳統——的象徵，最能體現此時西潮已漸成「中國」之一部。而西向知識份子把舶來品當作自己的傳統來批判，其實也是受西人的影響。蓋鴉片和人力車曾被晚一點來華的西人視為中國的特徵，並成為西方之「中國形象」的一個負面組成部分，在轉了數圈之後，又由閱讀西方書籍的中國讀書人帶回來，作攻擊傳統之用。近代中西膠着之複雜，早已是「層累堆積」且循環往復了好幾次了。

中西膠着的複雜有時也造成一種角色的倒置。民初的一個詭論性現象是，中國人拼命反傳統，有些外國人反而在提倡保存中國的文化傳統。從溥儀的老師莊士敦（R.F. Johnston）到哲學大師羅素（Bertrand Russell），在這一點上都相通。提倡西化的胡適在一九二六年就尖銳地批評西方「既要我們現代化，又要我們不放棄〔傳統的〕美妙事物」。胡適本人也認為中國傳統中有可取處，他反對的主要是由西人來提倡保護中國傳統。但是，這樣一種角色的倒置，確實表現了民初中國思想界的混亂和中西之間那種扯不清的糾葛。【六十】

更具提示性的是，即使是民初以維護國粹為目的的「國粹學派」（以《國粹學報》為主要喉舌）和稍後出現的《學衡》派（其目的與「國粹學派」頗類似），雖然都被視為

「文化保守主義者」，實際上也都在西潮的影響之下。余英時師已指出，「國粹學派」的史學家如劉師培等人，「直以中國文化史上與西方現代文化價值相符合的成分為中國的『國粹』」。【六十一】特別是所謂《學衡》派，其主要人物的西化程度，恐怕還超過大多數鼓吹「全盤西化」者。如《學衡》派主將吳宓，就自認他本人不是在傳接中國文化的傳統，而是「間接承繼西洋之道統，而吸收其中心精神」。【六十二】這是近代中國「在傳統之

【六十】胡適演講："China at the Parting of the Ways: Conflict between New & Old," *The Manchester Guardian*簡報，《胡適的日記（手稿本）》，一九二六年十一月二十六日。民國初年思想界這種群龍無首、不知所趨的混亂局面，為新文化運動準備了時勢造英雄的歷史條件。此不贅論。

【六十一】余英時：《中國知識份子的邊緣化》，《二十一世紀》六期，頁二三。

【六十二】《吳宓詩及其詩話．空軒詩話．二十一》，西安：陝西人民出版社，一九九二，頁二五〇—二五一。即使這樣的吳宓，在東南大學還算不夠尊西的。他注意到，該校得一從美國學教育獲碩士而僅「並及歷史」的徐則陵歸，即任命為歷史系主任，取外間視為舊學象徵的柳詒徵而代之。同樣，一般認為是「文化保守主義者」的梅光迪也並未將柳氏放在眼裏。可知以「守舊」著稱的東南大學，其實際的尊西傾向實並不弱於他校。參見《吳宓自編年譜》，北京：三聯書店，一九九五，頁二二八—二二九。

外變」的典型例證。這兩個「學派」（僅在非常寬泛的意義上言）中人是否是文化保守主義者其實還可商榷，此處無法詳論；但這類人也受西潮影響如此之深，更進一步揭示了中國在近代中西文化競爭中的失敗。

自十九世紀末以來，中國讀書人對中國傳統從全面肯定到全面否定的都有；對西方思想主張全面引進或部分借鑒的也都有，唯獨沒有全面反對的。他們之間的差距，不過在到底接受多少西方思想而已。錢穆曾觀察到，近現代中國人不論是信仰還是反對孫中山的，都是比附或援據西洋思想來信仰或反對。【六十三】我們或可說，二十世紀中國讀書人不論是維護還是反對中國傳統，基本都是以西方觀念為思想武器的。

如果說清季「國粹學派」以中國文化史上與西方現代文化價值相符合的成分為中國的「國粹」，還是一種時人對西方自覺或不自覺的主動認同；對民國以後的讀書人來說，這樣的認同或者已無必要，或者意義已不相同。從廣義的權勢觀看，西方文化優越觀在中國的確立即意味着此時「西方」已成為中國權勢結構的一個既定組成部分。這一權勢雖然沒有不平等條約那樣明顯，但以對中國人思想的發展演變而言，其影響的深遠恐怕還在不平等條約之上。君不見在不平等條約已經廢除半個世紀後的今天，有些人在講到中國的人文傳統時，所說的仍然幾乎全是西洋的東西，就可見此影響有多麼深遠了。【六十四】

從某種意義上說，二十世紀西向知識份子將舶來品當作自己的傳統，和今人將某些西方觀念當做中國人文精神這些現象，未必就體現了他們對國情的誤解。對於生在鴉片和人力車隨處可見而又非事事都要考證的人來說，這些東西確實是他們所見的「中國」的一部分。吳宓之所以感到有必要強調他是在「繼承西洋之道統」而不是中國文化的傳統，就是因為彼時兩者已經有些難於區別了。對於更晚的中國人來說，那些由西向知識份子所傳播的半中半西的「新學」、以及由吳宓這樣的「文化保守主義者」保存下來的「中國文化」，又何嘗不是傳統的一部分呢。概言之，十九世紀的「西潮」其實已成為二十世紀的「中國」之一部分。因此，今日言「中國傳統」，實應把衝擊中國的西潮（但不是西方）包括在內。

這也說明，吾人對西潮衝擊中國的研究還遠不夠廣泛深入。既然「西潮」已成「中國」之一部，所謂近代中國的內在發展，也就包含了一定程度的西方在。則近代中國士人

【六十三】錢穆：《中國思想史》，頁一七五。

【六十四】參見張汝倫等，《人文精神尋思錄》，葛佳淵、羅厚立：《誰的人文精神？》，《讀書》，一九九四年三月號，頁三一——一三；八月號，頁五八——六四。

對許多「中國內在問題」（且不說西潮造成的中國問題）的反應，多少也可說是對「西潮衝擊」的某種「中國反應」。故「西潮衝擊——中國反應」這一研究典範仍未完成其使命，尚有待深入發展。【六十五】

原刊《近代史研究》一九九五年三期

【六十五】關於這方面更進一步的討論，參見羅志田：《發現在中國的歷史——關於中國近代史研究的一點反思》，《北京大學學報》二〇〇四年五期，頁一〇七——一一二。

數千年中大舉動：廢科舉百年反思

百年前的清光緒三十一年（約一九〇五年），對中國而言真可以說是多事之秋。那一年發生了許多大事，有的當時就特別引人注意，如以中國為戰場的日俄戰爭，改變了世界對黃種人作戰能力的看法，也改變了東亞政治的權勢格局（而作為戰場主人的中國卻宣佈了「局外中立」，更是世界歷史上少見的特例）。也有時人非常關注，而後來卻長期淡出史家視野的事，如新練北洋陸軍據說耗銀百萬兩的首次實彈演習，固不免有人以為是勞民傷財過於浪費（早已成為晚清腐敗誤國象徵的慈禧太后修頤和園，也不過號稱用銀八百萬兩），但也讓許多人——特別是在華外國人——看到一個「尚武」中國的興起。

同盟會的成立也在同一年，在當時許多人眼中，這可能不過是邊鄙小事，要很多年後才被「認識到」此乃轉變中國政治的重大契機；而其在歷史言說中的地位，復因「勝者王侯」因素的作用，而進一步擴大。還有一些時人非常關注，而後來的發展似不甚如人意的事，如五大臣的出洋考察憲政，當時朝野均寄予厚望，後也成為史不絕書的要事；不過似乎成效不顯，致使後之史家敍此多帶遺憾惋惜，甚或潛受「敗者賊」向例的影響，而視其為「欺騙」，多少輕忽了當事者基本誠懇的努力。

那一年的中國還發生了一件影響深遠的大事，就是至少實施千年以上的科舉制被廢除了。這件事時人和後人都很關注，史家的詮釋也絡繹不絕，但其長程的歷史意義，及其後續的社會影響，似仍大有可述之餘地。

一、戰敗後的教育反思

嚴復以前對科舉制尤其八股取士方式頗有微辭，他在廢科舉的第二年卻說：

> 甲午東方事起，以北洋精煉，而見敗於素所輕蔑之日本，於是天下愕眙，群起而求所以然之故。乃恍然於前此教育之無當，而集矢於數百年通用取士之經義。由是不及數年，而八股遂變為策論，詔天下遍立學堂。雖然，學堂立矣，辦之數年，又未見其效也；則嘩然謂科舉猶在，以此為梗。故策論之用，不及五年，而自唐末以來之制科又廢；意欲上之取人，下之進身，一切皆由學堂。【一】

【一】嚴復：《論教育與國家之關係》（一九〇六），《嚴復集》，王栻主編，北京：中華書局，一九八六，第一冊，頁一六六。

廢科舉前中國作戰的失敗，其實還有甚於甲午中日戰爭者，但甲午一役對中國士人的震撼力，的確是非同小可（不僅中國，歐洲列強對戰爭結果也大感意外）。可以注意的是，一般戰敗多往軍事及其相關方面尋找原因，而那時的中國人卻因打敗仗而舉國恍然於教育之無當，非常能體現「教而後戰」的傳統思路，其背後隱伏的則是長期貫徹於中國的政必須教、由教及政的基本原則，亦即嚴復那篇題為「論教育與國家之關係」的文章所欲探討者。

這在當年基本是通識，張之洞在《勸學篇．序》裏就說：「世運之明晦、人才之盛衰，其表在政，其裏在學。」[二] 乙巳年袁世凱等六疆臣要求立停科舉的奏摺也說：「普之勝法、日之勝俄，識者皆歸其功於小學校教師。即其他文明之邦，強盛之源，亦孰不基於學校。」中國之所以「相形見絀者，則以科舉不停，學校不廣」，故士心不堅，民智不開，難以進化日新。欲補救時艱，必先停科舉以推廣學校。[三] 可知這些封疆大吏也認為，戰爭取勝及國家強盛當歸功於學校，嚴復的總結大致不差。

而那時舉國又都帶有明顯的急迫情緒，六疆臣的會奏一則說「現在危迫情形更甚曩日」，再則說「強鄰環伺，詎能我待」，便非常能體現這樣的心態。實際上，在二十世紀最初的幾年間，僅張之洞、袁世凱等人奏摺中關於改革科舉制所提出的辦法，幾乎是幾月一變，一變就躍進一大步；前摺所提議的措施尚未及實施，新的進一步建議已接踵而至。原擬用十年的時間逐步以學堂代科舉，而不過一年，便不能等待學堂制的成熟即一舉將科舉制徹底廢除了。【四】

袁世凱等人其實很清楚：「就目前而論，縱使科舉立停，學堂遍設，亦必須十數年後人才始盛。」他們不過認為，「如再遲至十年甫停科舉，學堂有遷延之勢，人才非急切可成，又必須二十餘年後，始得多士之用」。為了使士人不存「僥倖得第之心」，民間放棄「觀望」心態以參與私立學堂的建設，不能不立停科舉。【五】新學堂是否培養出「國

【二】張之洞：《勸學篇·序》，《張文襄公全集》，北京：中國書店一九九〇年影印本，第四冊，頁五四五。

【三】本段與下段：袁世凱等：《奏請立停科舉推廣學校摺》（光緒三十一年八月初二），《故宮文獻特刊·袁世凱奏摺專輯》，台北：故宮博物院，一九七〇，頁一九九一—一九九二。上奏者包括北洋大臣直隸總督袁世凱、盛京將軍趙爾巽、湖廣總督張之洞、署兩江總督周馥、署兩廣總督岑春煊及湖南巡撫端方。

【四】參見王德昭：《清代科舉制度研究》，北京：中華書局，一九八四，頁二三六—二四五。

【五】袁世凱等：《奏請立停科舉推廣學校摺》，《袁世凱奏摺專輯》，頁一九九一。

家」所需的多士，確須從一二十年以上的長程進行考察。【六】而從其所論廢科舉→興學校→補救時艱→進化日新的逐步遞進關係看，科舉制也已得到相當的重視（儘管更多是負面的）。但這些疆臣多從培養人才的視角考慮科舉制的存廢，眼光未免有些局促。

在某種程度上，他們也是在重複嚴復前些年的看法。嚴氏在甲午後曾說，當時雖「言時務者人人皆言變通學校，設學堂，講西學」，中國也未必就能在十年後收其益，蓋八股取士之「舊制尚存，而榮途未開」。故要「開民智，非講西學不可；欲講實學，非另立選舉之法，別開用人之途，而廢八股、試帖、策論諸制科不可」。【七】

那時嚴復似更多注重考試的方式和內容，庚子事變可能改變了他的一些看法。【八】他對科舉制度的存廢或有新的認識，雖仍持開放觀望的態度，但已隱約感覺到某種不安。嚴復此時看到，廢科舉「乃吾國數千年中莫大之舉動。言其重要，直無異古者之廢封建、開阡陌。造因如此，結果何如，非吾黨淺學微識者所敢妄道」。【九】「大舉動」一說或借鑒於梁啟超，梁稍早曾說王安石當年「議建學校，變貢舉，罷詩賦，問大義，此三代以下一大舉動也」。【十】從全文的基調看，嚴復對此舉之「結果何如」似不甚樂觀。

蓋科舉制是一項集文化、教育、政治、社會等多方面功能的基本建制（institution），它上及官方之政教，下繫士人之耕讀，使整個社會處於一種循環的流動之中，在中國社會結構中起着重要的聯繫和中介作用。其廢除不啻給與其相關的所有成文制度和更多約定俗成的習慣行為等都打上一個難以逆轉的句號，無疑是劃時代的。如果近代中國的確存在所謂「數千年未有的大變局」的話，則正如嚴復所感覺到的，科舉制的廢除可以說是最重要

【六】新教育體制是否成功，在新文化運動後已開始出現較深刻的反省。許多人雖不一定徹底否定新體制，卻對其非常不滿意。不過，後人對新學堂是否培養出多士的檢討，或可以不必考慮清廷本身的存廢，而袁世凱等疆臣當時心目中的「國家」，卻正是清廷本身。這些都只能另文探討了。

【七】嚴復：《原強修訂稿》（約一八九六），《嚴復集》，第一冊，頁三〇。

【八】嚴復在庚子事變稍後曾說：「中國自甲午中東一役，而情實露；自庚子內訌，而情實瘉益露。」嚴復：《主客平議》（一九〇二），《嚴復集》，第一冊，頁一一五。按當年事起於朝廷啟用義和團攻使館，後更有八國聯軍的入侵，而嚴復視其為「內訌」，聯繫到事變中他曾避難於上海，恐怕他對「東南互保」之局還有一般人較少注意的見解，詳另文。

【九】嚴復：《論教育與國家之關係》（一九〇六），《嚴復集》，第一冊，頁一六六。

【十】梁啟超：《變法通議·論科舉》（一八九六年十月），《飲冰室合集·文集之一》，北京：中華書局，一九八九，頁二四。

的建制變動之一。【十一】

二、王有、士治的小政府傳統

若返觀科舉制在傳統中國政治和社會中所起的作用，【十二】或更能認識廢科舉的重要性。傳統中國政治從思想觀念到實際治理的方式，都有其發生發展的統系，且有其社會基礎。【十三】古代中國政治強調的更多是「職責」而不是「權力」。在嚴格意義上說，像主權這樣的西方政治的根本原則，在中國古代可以說基本上不存在。從上古的《周禮》開始，中國政治文獻中講權力很少，卻對從各級官吏到一般民眾的職責規定得不厭其詳。君有君責，臣也有臣責，但首要的責任在上。孔子說「政者正也」；統治者正，被統治者就不敢不正。孟子進而指出：「君仁莫不仁，君義莫不義，君正莫不正。」天下是否能成為治世，責任主要在統治者一面。

如果用一對相對接近的西方概念即權利與義務概念來看，傳統中國政治重義務是遠超過重權利的。且古代中國人講「義務」時非常強調其雙向性，即統治者與被統治者的義務是相互的，有些類似近代西方所說的契約關係。雖然是君為臣綱，但若君不君，則臣可以不臣。被統治一方不履行義務固然要受懲罰；當統治一方不能履行其義務時，即失去了統治的正當性，是可以而且應該被更換的——這就是中國「革命」一詞的原始意義。

這一責任政治的基礎是教化。賈誼說：「有教然後政治也，政治然後民勸之。」這裏的「政治」，意思就是以政教為治和政事得到治理。古人的政治觀是政治與教化不能分，

【十一】參見羅志田：《科舉制的廢除與四民社會的解體——一個內地鄉紳眼中的近代社會變遷》，《清華學報》（新竹）新二十五卷四期（一九九五年十二月）；《清季科舉制改革的社會影響》，《中國社會科學》一九九八年四期。

【十二】參見余英時：《試說科舉在中國史上的功能與意義》，《二十一世紀》二〇〇五年六月號；Benjamin A. Elman, *A Cultural History of Civil Examinations in Late Imperial China*, Berkeley, Los Angeles & London: University of California Press, 2000.

【十三】以下所論之傳統政治多為整合諸家研究之大意，可參看呂思勉：《中國制度史》，上海：上海教育出版社，一九八五；錢穆：《國史新論》，北京：三聯書店，二〇〇一；余英時：《歷史與思想》，台北：聯經出版公司，一九七六；余英時：《士與中國文化》，上海：上海人民出版社，一九八七；杜正勝：《古代社會與國家》，台北：允晨出版公司，一九九二；杜正勝：《編戶齊民：傳統政治社會結構之形成》，台北：聯經出版公司，一九九〇。

即實際的政治管理必須在教化可及的基礎上，教化不能施則不及以政。【十四】類似的觀念一直延續到近代。前引張之洞所說的「政表學裏」，仍是這個意思。以政教為治講究的是社會秩序的和諧，其基本立意是統治一方應「無為而治」（無為並非無所為或零行為，而是對某種行為取向的強調）。先秦政治思想的一個核心原則，即孔子所說的「為政以德，譬如北辰居其所，而眾星拱之」。所謂「治世」，即統治一方從上到下均可以無為，而天下的社會秩序仍能和諧。

因此，中國傳統政治基本是一個不特別主張「作為」的「小政府」模式。正因「作為」方面的要求不高，故產生與此配合的輕徭薄賦政策，不提倡政府與民爭利。【十五】像電視劇中為國庫增加庫銀五千萬兩的雍正皇帝，今日有些人或視為政績，以傳統觀念看就是以苛政虐民的典型暴君。而政府可以無為的前提，仍是教化。百姓受教而化之，各親其親，則政府對內的職責只在老幼孤寡的福利問題，當然可以無為，且可以真正趨向「無為而無不為」的境界。不過，這樣一種社會秩序的理念，與其說是一個可以完全實現的目標，不如說是一個值得爭取可以趨近的理想。而且，輕徭薄賦的「小政府」，在遇到外患時，便常顯捉襟見肘之窘境。

教化的載體是讀書人。鄭振鐸曾說，中國傳統的「治人階級」分為直接統治者（約指皇帝）和「幫治者階級」，後者便是士人。【十六】從孔子以來，中國士人最嚮往的政治模式可以說是一種「士治」的秩序。有新觀念武裝的蔣夢麟曾表述為「民有，士治，民享（of the people, by the scholars, for the people）」；其實以前的士人不太會想到「民有」，故

【十四】這個觀念在歷代對所謂「夷狄」的政策上體現得最為明顯。古代對周邊異文化的民族，基本是採取「修其教不易其俗」的政策，對其生活習慣可以「政由俗革」，但原則性的價值觀念必須與內地人民一樣接受教化。如果連修教也做不到，即取「存而不論」的羈縻政策，不施行實際的管理。說詳羅志田：《夷夏之辨的開放與封閉》，《中國文化》第十四期（一九九六年十二月）。

【十五】政府不與民爭利的傳統在國民黨統治以前大致得到遵循，近世漸多的「捐納」制和清季民初政府大量借外債，雖因不免涉及政治「腐敗」和「賣國」而為時人和後人詬病；其實也不能僅從這一面去看，恐怕也都是小政府體制不得不行使大政府功能而又試圖不違背傳統的一種變通性非常規舉措。事實上，「捐納」更多是取得進一步考試的資格或身份的轉換，真正直接通過「捐納」入仕者並不多見，故其「腐敗」的程度也是想像大於實際的。雖歷史不能後設，試想若歷代政府將捐納和借款所得數額悉數轉換成賦稅而施之於民，恐怕其因「失道」而崩潰的時間還更快，其所受時人和後人詬病亦決不更少。

【十六】鄭振鐸：《且慢談所謂「國學」》，《小說月報》二十卷一號（一九二九年一月），頁一〇。

更實際的理想型狀況大約是「王有，士治，民享（of the emperors, by the scholars, for the people）」。

《漢書．食貨志》給四民社會中的「士」下了一個界說，即「學以居位曰士」。這裏的「位」當然包括士向「大夫」的發展路向，即各級「大夫」多從士來，使由教及政的觀念逐漸社會化為上升性社會變動（social mobility）的主要途徑，落實在體制上就是從漢代發端到唐宋成熟的通過考試選官的科舉制。任何編戶齊民只要能通過一定層次的考試，就可以擔任一定級別的官員。這樣的「布衣卿相」夢想，曾經是四民之首的士和可望進入士階層的鄉村農業中產階級的持續追求，可以說是典型的「中國夢」。布衣卿相的傳統夢想常常更簡單也更理想化地表述為「耕讀」，反映出農耕正是以「衣冠禮樂」為表徵的整體性華夏「聲教」的最重要基礎。

而「學以居位」的「位」也意味着士在基層社會中的核心地位。由於小政府的傳統，基層地方大多在官督之下實行自治，起着關鍵作用的是鄉紳，而其核心成分就是士人。作為四民之首，士人的一個社會角色就是作其他三民的楷模。如山西舉人劉大鵬所言，士「平居鄉里，所言所行，使諸編氓皆有所矜式」；若不能為鄉人表率，「而反為鄉人所化」，同於流俗，則「不足以為士」。另一方面，一個地方「公正紳士」須同時具有「國計民生思想」和「地方觀念」，既當「思為地方除害，俾鄉村人民受其福利」；又不能「借勢為惡，婿官殃民，欺貧諂富」。若交通官吏，奪民之利，便是苛政之「幫兇」，已失「士治」之本義。【十七】

故「士治」在很大程度上是相當實際的，其縱向發展為「士大夫」，橫向則為「士紳」。而「大夫」與「紳」又始終維持着一種關聯互動的關係。用范仲淹的話說，進為「大夫」則居廟堂之高，退處江湖之遠又成為「紳」。以耕讀為標榜的士人多是在鄉間讀書，繼而到城市為官。其間或候缺或丁憂或告老，讀書人多半要還鄉，即所謂落葉歸根也。這當然不止是人員的流動，還意味着信息、資金等多渠道的流通。

這一使整個社會處於循環流動之中的科舉制，實集文化、教育、政治、社會等多方面功能於一身，故傳統教育體制也與此政治、稅收取向配套，大致符合以農業為主的生產方式，全毋需高投入。夏曾佑在廢科舉當年說：

【十七】劉大鵬：《退想齋日記》，喬志強標注，太原：山西人民出版社，一九九〇，一八九七年二月十六日、一九二六年四月二十四日，頁六九、三二二。

中國之民素貧，而其識字之人所以尚不至絕無僅有者，則以讀書之值之廉也。考試之法，人蓄《四書合講》、《詩韻》並房行墨卷等數種，即可終身以之，由是而作狀元宰相不難。計其本，十金而已。以至少之數而挾至奢之望，故讀書者多也。【十八】

正因教育投資甚低，而又具有開放性，所以很能鼓勵士人向學之心，以維繫「耕讀傳家」之路。當然，科舉制的開放性很多時候是理想大於實際的；且隨着中式者的積累，獲得舉人以上的士人中也只有一小部分人真能得官。但正如夏曾佑所說，這樣明知有些僥倖的體制「足以相安千餘年而不見其不可終日者，則以若輩雖多終身不得之人，而要無日不有可得之理想，故其希望之心不絕。即此希望之心，彼乃借此以養生盡年，而得以悠遊卒歲矣」。伴隨着不高之教育投入的是上升性社會變動的不絕希望，正是科舉制保障了這一夢想的持續，並以一定數量的成功範例鼓勵之。

也曾呼籲廢科舉的梁啟超稍後認識到：科舉制「實我先民千年前之一大發明也。自此法行，而我國貴族、寒門之階級永消滅；自此法行，我國民不待勸而競於學」。【十九】廢科舉後，新教育的耗費日益昂貴，那些仍希望走讀書上進之路的寒門之家比過去更困難了。黃炎培後來總結說，科舉制在歷史上的好處，即在使「貴族教育移到平民教育身上」；科舉既廢，教育本應更加平民化，然辦新學校的結果，「轉不免帶多少貴族教育的意味」，為「科舉時代所料想不到」。主要體現在「學校的設置既偏於都市，學費的徵取更足使中等以下社會人家無力送他的子女就學」。【二十】

三、廢科舉後的城鄉疏離

這樣，廢科舉一個影響深遠的社會後果是中國的城鄉漸呈分離之勢。與傳統中國做官

【十八】本段與下段，夏曾佑：《論廢科舉後補救之法》，《中外日報》乙巳年八月十二日，錄在《東方雜誌》第二年第十一期（光緒三十一年十一月），頁二五一—二五三（欄頁）。北京大學校史館的楊琥先生告訴我，此文是夏曾佑所作。

【十九】梁啟超：《官制與官規》（一九一〇），《飲冰室合集·文集之二十三》，頁六八。

【二十】黃炎培：《中國教育史要》，上海：商務印書館一九三九年萬有文庫本，序言頁六、頁一四四。教育的城鄉差別當然並非只有負面的結果，有些人反可能從中獲益。安徽鄉間私塾尚未沾染口岸風氣的傳統蒙學教育，對少年胡適就曾大有幫助，使他得以在上海的新學堂連續跳級（參見羅志田：《再造文明的嘗試：胡適傳》，北京：中華書局，二〇〇六，頁四二—四六）。但多數人對新學堂的體驗似不那麼理想。

的讀書人多半要還鄉不同，新學制下的「學生」與城市的關聯愈來愈密切，而與鄉村則日益疏遠；大學（早期包括中學）畢業基本在城市求職定居，甚至死後也安葬於城市，不再落葉歸根。這實際意味着以前整個社會的循環流動在很大程度上逐漸衰歇，並走向中止（這當然有個過程，且各地情形不一）。

廢科舉後不久，即有人擔心，「吾國官無大小，所居者城市也。今日大聲疾呼爭權利以興學者，皆城市之民也」。官立和層次較高的公立學堂多在城鎮，即使「偶有一二富鄉，搜集種種捐款，建設一二學堂，所教者紳族也、富室也；林林萬眾，裹足不入」。若「長此不改，一二年後，城市大鄉，貴族學校林立，官可以報績，紳且據以自豪」，而鄉間恐怕「除百一紳富家外，大多數學齡童子皆將不識一丁」。【二十一】

關鍵在於，鄉村「讀書種子既絕，而市民、非市民之階級，由此永分：市民之學堂日益增多，非市民之負擔日益增重；市民有權利而無義務，非市民有義務而無權利」；其潛在的禍患實難以量計。章太炎後來便指出：「自教育界發起智識階級名稱以後，隱然有城市鄉村之分。」所謂「智識階級」，其實就是新教育建制的產物。而且，由於「城市自居於智識階級地位，輕視鄉村」，進而產生了整體性的城鄉「文化之中梗」。【二十二】

同樣重要的是鄉村讀書人心態的轉變。莊俞早在清末就注意到，新學堂教育出的學生

「驕矜日熾，入家庭則禮節簡慢，遇農工者流尤訕誚而淺之」。【二十三】在耕讀相連的時代，四民雖有尊卑之分，從天子到士人都要對「耕」表示相當的尊敬；在耕與讀疏離之後，乃有這樣的新現象。如黃炎培所說，包括鄉村教育在內的平民教育，「不但沒有造福平民，且給平民前途以很大的危險」；即「在教育還沒有能造成好環境時，早早誘導平民脱離他們的固有生活；即使事實上一時不得脱離，先養成他們厭棄固有生活的心理」。【二十四】

早在廢科舉當年，夏曾佑便認為：「廢科舉設學堂之後，恐中國識字之人必至銳減。而其效果，將使鄉曲之中，並稍識高頭講章之理之人而亦無之。遂使風俗更加敗壞，而吏

【二十一】本段與下段，胡爾霖：《擬上學部條陳》（一九〇八），收入朱有瓛主編：《中國近代學制史料》，第二輯上冊，上海：華東師範大學出版社，一九八九，頁二七七。

【二十二】章太炎：《在長沙晨光學校演説》（一九二五年十月），轉引自湯志鈞：《章太炎年譜長編》，北京：中華書局，一九七九，下冊，頁八二三。

【二十三】莊俞：《論小學教育》，《教育雜誌》第一年第二期（宣統元年二月），台北：商務印書館一九七五年影印，頁一一二。

【二十四】黃炎培：《中國教育史要》，頁一四四——一四五。

治亦愈不易言。」【二十五】隨着「布衣卿相」夢想的保障不再，鄉村中人讀書的願望減低，而讀書的代價則增高，平均識字率遂逐漸降低。城鄉分離和城鄉差異更促使本已為數日少的鄉村讀書人向城市流動，然而城市卻未必「需要」和接納他們。到民國初年，胡適就注意到：「如今中學堂畢業的人才，高又高不得，低又低不得，竟成了一種無能的游民。」【二十六】

知識青年「離村問題」在大約同時也引起李大釗的注意，他看到：鄉村「一般知識階級的青年，跑在都市上；求得一知半解，就專想在都市上活動，都不願回到田園；專想在官僚中討生活，卻不願再去工作。久而久之，青年常在都市中混的，都成了鬼蜮。農村中絕不見知識階級的足跡，也就成了地獄」。故「中國農村的黑暗，算是達於極點」。【二十七】注意這裏的「受害者」是雙向的：常在都市中混的知識青年固然成了「鬼蜮」，而失去知識階級的農村也變成了「地獄」。兩者都極大地影響了中國的發展，特別是雙方的結合為後來中國的政治革命提供了最主要的人力資源。

李大釗的觀察可以印證夏曾佑在清末的預測，即鄉村中識字者銳減會導致「風俗更加敗壞，而吏治亦愈不易言」。讀書人的減少和游離造成鄉村中士與紳的疏離，「鄉紳」的來源逐漸改變，以士紳為核心的基層「士治」可能變為新型的「紳治」。「知識」是個新詞，它象徵着與「讀書」相關的一整套行為模式（詳另文）；「鄉紳」與「知識」的疏遠，或意味着相應的道義約束日減，容易出現所謂「土豪劣紳」。當然，傳統鄉紳的一些基本功能，例如「修橋補路」等社區事務（包括民間信仰一類活動）的組織，未必一定要求多少與書本相關的「知識」。在斯文掃地之後，一些不代表「斯文」但行使着此類功能的新鄉紳，也可能為鄉村帶來一種無士的自治生活。

四、士與大夫的兩分

梁啟超在庚子後曾以為：像「廢八股為策論」甚或「廢科舉為學堂」一類作為，不過

【二十五】夏曾佑：《論廢科舉後補救之法》，《東方雜誌》第二年第十一期，頁二五二（欄頁）。

【二十六】胡適：《歸國雜感》，《胡適文存》，上海：亞東圖書館，一九二〇，卷四，頁一〇。

【二十七】李大釗：《青年與農村》（一九一九年二月），《李大釗文集》（二），李大釗研究會編，北京：人民出版社，一九九九，頁二八八—二八九。

是「補苴掇拾一二小節」的小改革；要解決中國的問題，必須實行他所謂「從根柢處掀翻之，廓清而辭辟之」那種「大變革」，即英文Revolution之意。【二十八】廢科舉幾年後他發現，新教育體制在從政人才培養方面成效並不理想。故梁氏在一九一〇年指出，當初廢科舉，乃「欲舉天下之仕者盡由學校，意誠善也。然以今日教育現象論之，欲求完全之大學卒業生以為用，未知期以何年」？為更有效地選任官吏，他「悍然」提出「復科舉」的主張。【二十九】

雖然梁啟超的實際建議不過是採取一種類似科舉的開放性考試選官制度，與前引嚴復所論相比，他此時對科舉制的重新反省還是徹底得多。不過，梁氏又是最善於「與昨日之我戰」的，十多年後他的看法又有轉變，以為庚子後最值得記載的事就是「八股科舉到底在這時候廢了。一千年來思想之最大障礙物，總算打破」。【三十】把科舉制僅視為「思想」的障礙物，多半是辛亥政治鼎革後的觀念，但也揭示出這一基本建制的廣泛關聯性。

中國傳統本是一多層面的體系，表面看去似乎不怎麼緊密相連，實則內在的聯繫絲絲入扣。一個障礙物被打破，又會有新的「打破」要求接續出現。民國年間以守舊著稱的顧實此時就認為破得不夠，他對清廷給新學堂畢業生也「獎勵」以從秀才到進士的舊功名非常不滿，故警告說：「專制政體基本於科舉，而科舉之精神即在獎勵；立憲政體根柢於學堂，而學堂之精神即在道德。科舉之獎勵一日不去，即專制之基本一日不拔；學堂之道德一日未興，即立憲之根柢一日未形。」【三十一】

以舊功名「獎勵」新學生確實體現了科舉精神，卻未必就能對專制和立憲的成敗有如此決定性的影響。但若視傳統為一整體，就不能不一一徹底否定。如陳獨秀後來指出的：「舊文學、舊政治、舊倫理本是一家眷屬，固不得去此而取彼。」【三十二】因此，劉大鵬在廢科舉時看到新學堂「所學者皆洋夷之學」，而「孔孟之學俱棄之而不一講求」，便對「士皆捨孔孟之學而學洋夷之學」甚感憂慮。【三十三】而十年後吳虞仍覺此前「打破」得遠

【二十八】梁啟超：《釋革》（一九〇三），《飲冰室合集．文集之九》，頁四一—四四。

【二十九】梁啟超：《官制與官規》（一九一〇），《飲冰室合集．文集之二十三》，頁六三—六九，引文在頁六四、六八。

【三十】梁啟超：《中國近三百年學術史》（一九二四），《飲冰室合集．專集之七十五》，頁三〇。

【三十一】顧實：《論學堂獎勵》，《教育雜誌》第二年五期（宣統二年五月），頁一六七二。

【三十二】陳獨秀：《復易宗夔》，《新青年》五卷四號（一九一八年十月），頁四三三。按此函發表時原與胡適共同署名，後收入《獨秀文存》。

【三十三】劉大鵬：《退想齋日記》，一九〇六年三月二十二日、一九〇六年七月十五日，頁一四九、一五二。

遠不夠，強調「儒教不革命，儒學不轉輪，吾國遂無新思想、新學說，何以造新國民？悠悠萬事，唯此為大」。【三十四】

劉大鵬的另一擔憂也很快成為現實，他在廢科舉之初就預料，若「士皆毆入學堂從事西學，而詞章之學無人講求，再十年後恐無操筆為文之人矣，安望文風之蒸蒸日上哉」！【三十五】劉氏所謂「文風」是特有所指的，鍾駿文（寅半生）不久觀察到：「十年前之世界為八股之世界，今則忽變為小說世界，蓋昔之肆力於八股者，今則鬥心角智，無不以小說家自命。於是小說之書日見其多，著小說之人日見夥。」【三十六】清季是否已到「小說世界」的程度固尚可考，然俗文學的迅速擴展與廢科舉相關，應非無根之談。胡適後來也認為，科舉制「能使一般文人鑽在那墨卷古文堆裏過日子」，故「科舉一日不廢，古文的尊嚴一日不倒。……倘使科舉制度至今還在，白話文學的運動決不會有這樣容易的勝利」。【三十七】

文風丕變與士人從業的轉變也相互關聯，劉大鵬注意到，停科考後，「同人皆言科考一廢，吾輩生路已絕；欲圖他業以謀生，則又無業可託」；由於「士心散渙，有子弟者皆不作讀書想，別圖他業以使子弟為之」。在有商業傳統的山西太谷一帶，「棄儒就商」成為持續的傾向：為父兄者「不願子弟入學堂，遂使子弟學商賈」；即使入學堂者，也是

「誦讀數年，即棄詩書而學商賈」；故「讀書人士日減一日」。【三十八】

類似現象在江南亦然，莊俞也看到，政府「雖懸舉貢附等為畢業之獎勵，而良家子弟，猶有謂學堂不足恃，廢書學賈者踵相接」。由於新學堂「耗費多、歷時久」，出路又未必好，「各地學生日益減少」，多轉而「入私塾也，習商也，學工也」。【三十九】在顧實

【三十四】吳虞：《儒家主張階級制度之害》，《新青年》三卷四號（一九一七年六月），頁四（文頁）。

【三十五】劉大鵬：《退想齋日記》，一九〇五年十一月二日，頁一四七。

【三十六】阿英編：《晚清文學叢鈔》，轉引自王爾敏：《中國近代知識普及運動與通俗文學之興起》，《中華民國初期歷史研討會論文集》，台北：中研院近代史所，一九八四，頁九八二。

【三十七】胡適：《五十年來中國之文學》，《胡適文集》（三），歐陽哲生編，北京：北京大學出版社，一九九八，頁二五二。

【三十八】劉大鵬：《退想齋日記》，一九〇五年十月二十三日、一九〇五年十月十五日、一九〇七年九月十三日、一九〇八年三月二十七日，頁一四七、一四六、一六二—一六三、一六七。

【三十九】莊俞：《論小學教育》，《教育雜誌》第一年第二期（宣統元年二月），頁一一五—一一六。

還以為清廷以舊功名「獎勵」新學生會影響到專制和立憲的成敗時，老百姓已看不到這裏的吸引力，而使子弟轉入原本邊緣的行業了。這一取向與文風由雅向俗的轉變顯然是互相呼應的。

從總體看，廢科舉的一個重要後果就是教育與政治的分流，使原來結合在一起的政教系統兩分。道統和治統的分離，直接導致其載體士與大夫的分離。清季所設學堂，最初不過是要養成新型的「大夫」以應付新的局勢。特別是京師大學堂，入學者本是官員，在功能上亦無非新型翰林院也。且清季士人心態已變，張百熙為管學大臣時就主張讀書不為做官。他在一九〇四年對新進士金梁說：「京師人才所萃，來者皆志在得官，君當以求學問為先，官豈可求，惟學問必求而始得爾。」【四十】可知彼時主事者也竟然以為政治中心與言說中心分開才是正常的。民國後學生已平民化，蔡元培掌校後更要驅除「科舉時代思想」，提出大學生「當以研究學術為天職，不當以大學為升官發財之階梯」。【四十一】這樣，原為政教兩系統共同載體的士，也逐漸演變為主要議政而不參政（甚至不問政治）的職業知識人。這就在中國歷史上首次出現了對職業官吏這一新社群的要求。科舉之時，士是官吏的社會來源，做官也是士的正當職業。如今新興學校的主要職責是教育和學術研究，不再是官吏養成所，則有良好訓練的官吏又從何而來？民國官場之濫，即從為官不要求資格始。國無重心，亦因官場之濫而強化。而職業官吏的產生體制，也成為此後中國一個長期未能解決的問題。

五、社會之事無不與科舉相連

夏曾佑當時就指出：這樣一種基本建制的廢除「關係於社會者至深。社會行科舉之法千有餘年，其他之事，無不與科舉相連。今一日舉而廢之，則社會必有大不便之緣」。【四十二】而嚴復更已認識到這一變動是「數千年中莫大之舉動」。儘管如此，當時朝野雖也存在反對廢科舉者以及相當數量的懷有疑慮者，對於廢科舉的總體社會反應卻並不

【四十】金梁：《光宣小記》，收入章伯鋒、顧亞主編：《近代稗海》，第十一輯，成都：四川人民出版社，一九八八，頁二八六。

【四十一】蔡元培：《我在北京大學的經歷》（一九三四），《蔡元培全集》（六），高平叔編，北京：中華書局，一九八八，頁三五〇。

【四十二】夏曾佑：《論廢科舉後補救之法》，《東方雜誌》第二年第十一期，頁二五一（欄頁）。

特別強烈，尤其是能夠影響所謂「輿論」的那部分「社會」，並未表現出有力的讚譽和非議。【四十三】這一現象非常值得關注和反思。

也許那時社會已興起一股以「起而行」取代「坐而言」的實幹風氣，故官紳均不遑空言而投身於辦新學堂的實際行動之中；後來也有學者對那時士紳辦學的積極性進行了「理性」分析，如市古宙三認為，本來反對廢科舉的士紳此後則頗識時務，另辟辦學堂之途以保存其特權，對此非常熱衷，甚至不惜自己出錢辦學。【四十四】當年的士紳群體是否能將「保存特權」提升到意識層面，及其是否有基本一致的群體行動，我尚存疑；更接近實際的或許是其中的一部分反對廢科舉，一部分支持辦學堂。

但還有一種可能，即相當一部分士大夫已對朝廷失望，故對其任何舉措皆淡漠處之。魯迅即持類似的看法，他曾說：「戊戌變政既不成，越二年即庚子歲而有義和團之變，群乃知政府不足與圖治，頓有掊擊之意矣。」【四十五】這裏的「群」當然是指士大夫，因為一般的老百姓在義和團之時恰與清政府有一度的「合作」。清廷走向基層，從傳統的異端方面尋求力量和支持，多少提示着政府已接受中學之正統不足以救亡的觀念，且在社會層面也不那麼依靠士人；反過來，對許多重視文野之辨的士人而言，啟用「子不語」的怪力亂神，或意味着朝廷之行為已類似當年的洪、楊；一個明顯「失道」的朝廷，自不足以救亡

和振興中國。【四十六】

在中外競爭形勢危迫的情形下，朝廷與其主要支持者士人之間的互不信任恐怕是致命的。清廷不可恃的結論自然導致反滿革命的行為趨於「正當」，一些原來還希望政府能實行改革的士人開始轉向革命，章太炎就是個明顯的例證。更重要的是封疆大吏中出現了類

【四十三】在鄉間則不然，喜憂皆甚明顯，將國家和個人前途寄望於科舉制的山西舉人劉大鵬獲悉停科考的消息，即感「心若死灰，看得眼前一切，均屬空虛，無一可以垂之永久」；而同鄉的趨新者卻都「欣欣然有喜色而相告曰：『舊制變更如此，其要天下之治，不日可望。』」參見劉大鵬：《退想齋日記》，頁一四六、一四九。

【四十四】參見Ichiko Chuzo(市古宙三)，"The Role of the Gentry: An Hypothesis," in Mary Wright, ed., *China in Revolution: The First Phase, 1900-1903*, New Haven and London: Yale University Press, 1968, pp. 297-317;《一九〇一—一九一一年政治和制度的改革》，費正清、劉廣京編：《劍橋中國晚清史》（實為《劍橋中國史》第十一卷），中譯本，北京：中國社會科學出版社，一九九三，頁四四〇—四四一。

【四十五】魯迅：《中國小說史略》，《魯迅全集》（九），北京：人民文學出版社，一九八一，頁二八二。

【四十六】參見羅志田：《裂變中的傳承：二十世紀前期的中國文化與學術》，北京：中華書局，二〇〇三，頁一七—一九。

似的傾向，庚子「東南互保」局面的出現，就是那些曾在清廷與太平天國之間選擇了前者的疆臣，後來卻在清廷與列強之間選擇了「中立」；而這些人中不少人恰又是廢科舉的積極推動者。

清廷啟用「神拳」是為了對付過於「跋扈」的外國，士人走向革命是因為清廷不能救亡，與「東南互保」一樣，多少都針對和因應着外人在華存在（the foreign presence in China）這一近代新形勢。袁世凱等六疆臣的會奏明言，廢科舉也是對外國人有所交待：

> 近數年來，各國盼我維新，勸我變法，每疑我拘牽舊習，譏我首鼠兩端。群懷不信之心，未改輕侮之意。轉瞬日俄和議一定，中國大局益危，斯時必有殊常之舉動，方足化群疑而消積侮。科舉夙為外人詬病，學堂最為新政大端，一旦毅然決然，捨其舊而新是謀，則風聲所樹，觀聽一傾，群且刮目相看，推誠相與。【四十七】

日俄戰爭兩次出現在這一奏摺之中，說明這個與廢科舉大約同時的事件有力地刺激了許多中國人，推動或促進了一些人的改革要求。會奏試圖取信於外人，希望改變外人對中國的觀聽，以換得其「推誠相與」，與庚子年間的對外取向可謂截然相反，也提示出直接間接來自外國的影響和壓力是推動廢科舉的一個重要因素。正如次年一份四川辦學綱要所說：中外「交通既久，幾於無事不與外人為緣」。【四十八】不過，外患的威脅和外部壓力雖大，廢科舉的主要動力應該還是來自內部。

或可以說，包括廢科舉在內的晚清新政有一致命的弱點，即當時已形成一股內外夾攻的政治變革壓力，在政府終於認識到全面改革已是刻不容緩並主動推行自上而下的系列改革措施之日，卻正是大量過去維護朝廷的那些士人開始對政府失去信任之時。在士人心態與清廷政策頗有距離的情形下，科考改革的不斷加速進行也反映出政府希望可以藉此挽回士人的支持。但恰由於改和革的一面不斷加速，而建設的一面未能跟隨，終造成舊建制已去而新建制更多僅存於紙面的現象，逐漸發展成不可收拾的局面。

更重要的是，科舉制的廢除不僅徹底打破了傳統中國政治統治模式，而且連帶摧毀了傳統中國社會結構，使兩千年為四民之首的士人這一社會軸心無所適從。在這樣的情形

【四十七】袁世凱等：《奏請立停科舉推廣學校摺》，《袁世凱奏摺專輯》，頁一九九一。

【四十八】《四川奏定致用學堂辦法綱要》，《北洋學報》，丙午（一九〇六）年第二十冊，學界紀要頁一。

下，一九一一年推翻帝制的革命和新建以西方為榜樣的民國政制，都可以說是邏輯的結果。由於傳統框架被人為地打破，而並無取代之框架、體制、甚而社會重心的存在，中國局勢的發展出現了幾個值得注意的傾向：社會方面是各類邊緣社群的興起，思想方面是破舊立新尊西的新文化運動，政治方面則是西方（包括蘇俄）政黨政治的引入。【四十九】

由於科舉制廢除而新的職業官僚養成體制缺乏，使政治系統的常規社會來源枯竭，原處邊緣的各新興社群開始逐漸進據政統。近代軍人、職業革命家、工商業者、邊緣讀書人等新興權勢社群先後因「市場規律」的需求而崛起，成為很長一段時間裏中國政治舞台上的主要角色。新文化運動本身雖然為時不長，但影響廣大而深遠，迄今餘波猶存。這兩方面扭結在一起而形成的政治心態、政治運作的方式及政治行為的風格等，更是名副其實的兩千年未有的大變局，也是後來中國政黨政治中起重要作用的一些基本因素。由此看來，嚴復視廢科舉為「數千年中大舉動」，甚有見地。

原刊《二十一世紀》二〇〇五年六月號

【四十九】參見羅志田：《清季科舉制改革的社會影響》，《中國社會科學》一九九八年四期。

新舊之間：近代中國的多個世界及「失語」群體

近代中國各地社會變化速度及思想和心態發展的不同步，造成了從價值觀念到生存競爭方式都差異日顯的兩個「世界」，這是我曾在不止一篇文章中論證過的見解。【一】有位不願透露姓名的朋友看了拙文後提出，近代中國到底是有兩個「世界」還是多個「世界」，還可以進一步探索。這的確是個極有眼光的睿見。我過去的研究和表述大概太受近代人自身持有的新舊中西兩分觀念的影響，雖然我自己也一向強調近代的新舊中西均是變量而非定量，但卻未能充分注意近代人兩分觀念的模糊性。

從十九世紀後期開始，新舊之爭成為近代中國一個持續的現象。但新與舊的區分標準，以及不同時期的新舊社會分野，卻隨時而變。各時各地新舊人物的社會分野與其思想觀念，並不完全成比例：社會分類上的舊派中人有頗具新意識者，而新派中人也有不少舊觀念；兩派以及各派之中不同人物的思想、心態與社會行為，均可見明顯的相互參伍及錯位。可以說，當時一般人視為不兩立的新與舊，不論在社會史意義上還是在思想史意義上（以及我們研究得還較粗淺的心態史意義上），或者是在其互動的意義上，都不是那麼截然兩分，毋寧說更多是你中有我、我中有你。【二】

清季愈來愈明顯的城鄉差別，進一步強化了近代中國既存的區域性差異；再加上思想時段和社會時段等的不同步，特定區域的具體個人，有時可能處於各不同時段的錯位之上。這樣，異地和不同領域範圍的新舊標準，其實是不同的；這一區域的「新」，到另一區域可能還「舊」。反之亦然。合區域、城鄉、思想、社會等範疇而共觀，新舊之間和中西之間，實可以有相當的距離。對許多人來說，亦新亦舊和亦中亦西，恐怕正是常態。

陳寅恪到二十世紀，仍自詡其思想在曾國藩和張之洞之間，其所為乃「不新不舊之學」，【三】不僅是近代中國思想時段和社會時段不同步現象的一個典型例子，而且提示了新舊兩極之間的過渡地帶其實相當寬廣。在一般認知中的新舊陣營裏，通常也還有進一步的新舊之分；而且鬥爭得最厲害的，往往是觀念主張相對接近的群體。例如，各類「新新派」與「老新派」之爭，就常常甚於更廣義的新舊之爭；蓋其潛在的追隨者大致相近，故

【一】參見羅志田：《科舉制的廢除與四民社會的解體——一個內地鄉紳眼中的近代社會變遷》，《清華學報》（新竹）新二十五卷四期（一九九五年十二月）；《近代中國思想與社會發展的時空不同步現象》，《光明日報》一九九九年五月二十八日。

【二】戊戌前後湖南的新舊之爭，以及新文化運動時期半新半舊的林紓一度成為新舊之爭的焦點人物，都特別體現了這一新舊觀念和社會角色混雜的時代特徵。詳見羅志田：《思想觀念與社會角色的錯位：戊戌前後湖南新舊之爭再思》，《歷史研究》一九九八年五期；《林紓的認同危機與民國的新舊之爭》，《歷史研究》一九九五年五期。

【三】參見羅志田：《陳寅恪的「不古不今之學」》，《近代史研究》二〇〇八年六期。

競爭也更激烈。由於研究者多習見史料中明顯的新舊之分，「不新不舊」的人與事，以及新舊各自陣營中表現不那麼極端或積極的群體，在我們的研究中多半處於一種「失語」（voiceless）的狀態之中。

近代中國社區公共衛生的先驅陳志潛醫師注意到，民國初年中國醫學界的社會區分，就不僅僅有中醫西醫之分（陳教授當年曾努力想證明這不是中西之分，而是新舊即傳統與現代之分），實際上存在着傳教士醫生培養的老西醫群體、歸國留學生及協和醫學院等培養的新西醫群體（他似乎沒有明確像華西協和大學這樣的教會大學畢業生算其中哪一類）和中醫群體的三角競爭（而中醫內部復有更上層的「儒醫」和民間郎中的社會區分）。

陳先生從一九二一年到一九二九年在北京協和醫學院讀書，在那段時間裏，他所「認識的世界，遠遠不同於在成都童年時期的那個世界」。也就是說，他從一個「閉鎖的傳統社會的知識領域，轉到具有科學和科學思維的廣闊世界中」。那時在北京的「多數人開始認為，科學和科學的思想是能帶給社會很多好處的一種力量」；但「離首都很遠」的成都則不然，「即使在全國各地都已形成高潮的消息，真正傳到成都也已為時很晚」。【四】這裏從觀念到用語，都呈現出清晰的兩個「世界」的意味。

陳先生注意到，在十九世紀中期，「『西方』或『現代』醫學已傳入廣州、上海和其他城市，可是這種發展對多數中國人極少或沒有任何意義」。在二十世紀初的成都，「居民既不知道也不可能得到現代醫學的診療，有病痛時他們只有依賴中國的本土醫學」；後者是「一套多年流傳下來的信念和實踐，並深深扎根於以儒學為基礎的文化傳統中」。傳統醫學得到士大夫和各朝皇帝的首肯，而且「經歷過無數世代的考驗」。因此，儘管中醫已被證明有缺陷，「成都及其周圍的村民都相信」中醫，而「很少懷疑它的價值」。有意思的是陳先生認為，成都居民的觀念反映了當時「中國整個農村人口的態度」。【五】也就是說，在近代新舊與城鄉漸趨等同的劃分中，明明是省會城市的具體的「成都市」，卻代表着抽象的全中國的「鄉村」，因為他們同在另一個兩分範疇「現代」與「傳統」的傳統一邊。

可是至少在醫學界，現代與傳統陣營又都還可以繼續兩分。傳統醫學中執業的醫生便有兩種：即合學者與醫生為一身的「儒醫」和居於下層的開業郎中。前者「只為中國城市

【四】陳志潛：《中國農村的醫學——我的回憶》，中譯本，成都：四川人民出版社，一九九八，頁二七、二三。

【五】陳志潛：《中國農村的醫學——我的回憶》，頁一二。

中富有的名流服務」，後者中的大多數是草藥醫生，所「受教育較少，而主要靠自學」，他們「為城市中其他居民和農村人口服務」。兩者的差距愈來愈大，所謂開業郎中，多「是樸實的農民，不會讀書和寫字；他們所掌握的治病手藝是由自學或當學徒學到的，草藥和迷信實踐是他們所能使用的醫療救助的全部內容」。而城市的儒醫則可將其經驗與醫學典籍中的書本知識結合起來。結果雙方漸有「本質上的明顯差別」，儒醫的「治療在許多情況下似更為有效」。【六】

同樣，中國的西醫分為教會醫生和歸國留學生兩大社群。教會醫生們先已組織了自己的醫學協會，而歸國留學生因「發現自己被排斥在教會組織成員之外」而「醒悟」，於是「他們在一九一五年創建了自己的組織」中華醫學會，「並及時吸收了教會建立的協會中的人群」。雖然兩種現代醫生都「一樣蔑視傳統醫學，對傳統醫學作為一門學問或對傳統醫生私人開業表現出不尊重」；也有部分更具精英取向的西醫尚能容忍中醫，卻更不容忍庸劣的西醫。陳志潛等協和醫學院的學生於一九二六年組織了丙寅醫學社，發行《丙寅週刊》。該刊同意建立中醫中藥學的研究機構和學院，並主張對西醫也應實行類似對中醫的控制條例，因為中國「現代醫學」的開業醫生中，只有少數是訓練有素的「正規醫學院校的畢業生」，其餘還包括「傳教士醫生的徒弟」和「西醫中的庸醫」。「只要後兩部分人

仍在社會中實踐，則他們將敗壞現代醫學」。【七】

總體說，「那時候，兩派中國醫生——現代的和傳統的——之間的關係，並不比兩派現代醫生之間更富有創造力或更能相互理解」。但第一次世界大戰後，中西文化孰優孰劣的問題在中國知識界的爭議，導致「中醫和西醫之間的對峙升級」。不過，整個進程是以西醫主動進攻而中醫防守反擊為特徵。北伐後西醫試圖控制中醫的努力得到中央政府的支持，「衛生部與教育部頒發了一項聯合法規，中醫必須把他們照顧病人的設施稱為『門診部』而不是『醫院』，並稱他們的培訓機構為『培訓班』而不是『醫學院』」。這些舉措引起中醫界的強烈抗爭，他們得到陳果夫等人的有力支持，結果到一九三〇年，中央政府成立了與衛生部級別相同的中醫局，並着手建立正規培訓中醫的學院，最終形成中西醫兩種體制在中國長期並存的狀況。【八】

值得注意的是，陳先生多次強調中醫的社會地位很高，他們得到中國大眾的充分信

【六】陳志潛：《中國農村的醫學——我的回憶》，頁一八——一九。

【七】陳志潛：《中國農村的醫學——我的回憶》，頁二二、五六——五七。

【八】陳志潛：《中國農村的醫學——我的回憶》，頁二二、三二——三三、七一——七三。

任，並具有「廣泛的政治基礎」；特別是儒醫，對傳統典籍的學習使他們能與士大夫「以共同理解的語言和學識為基礎」進行交流，其系統闡述的醫療原則也借助於古代的經典思想而正當化，致使「抨擊傳統醫學遲早會被認為是抨擊珍貴的祖國文化遺產」。從這一文化角度言，中醫和儒學確有些類似陳獨秀所說的「一家眷屬」。另一方面，陳先生也指出，在辛亥革命推翻舊的政治秩序時，傳統醫學卻「仍能確立下來，而且更加擴展和昌盛」。【九】這一現象說明，所謂儒醫的「政治基礎」其實也更多是文化的，它並未與政治制度共進退，而是在政治制度變更後以「文化遺產」的一個組成部分繼續正當存在。【十】

早在戊戌前後，葉德輝已注意到，西醫攻擊中醫無解剖而臟腑肌理皆不明，故其醫理不足憑信，在那時已對中醫構成極大衝擊。如果「欲抵異氏之學，必設醫士之科；欲推救世之心，必明復古之義」。應給各中醫「任以醫師之職，寬其仕進之途，則師授弟傳，日新月異」，以期「或有偉人，以振絕學」。【十一】這還是在科舉未停之時，中醫竟然已有漸成「絕學」之勢，可見清季西學的「話語權勢」是多麼強有力。但在民國西醫眼中，中醫的社會地位仍不低，與二十年代試圖振興「國醫」那一班人的認知有相當大的差別。【十二】今日西方意義的「醫療史」在中國內地基本尚未開展，包括中西醫在內的整個醫生群體都是近代史研究的薄弱環節，他們在我們的學術言說中，基本仍可以算作失語的群體，而中

醫的失語又更為嚴重。【十三】

【九】陳志潛：《中國農村的醫學——我的回憶》，頁一六、一九、二三。

【十】按該書的英文編輯邦奇女士經陳先生認可，增添了一些從西方研究中得出的近代中國政治、經濟、習俗和行為模式等方面的背景資料。這裏所討論的「政治基礎」等內容有可能即是增添者，因為這樣的「政治」似更接近葛蘭西和傅科等人的新概念，而不太像二三十年代的中國觀念。

【十一】葉德輝：《郋園書劄．西醫論》，長沙：中國古書刊印社一九三五年《郋園全書》彙印本，頁四六A—B。

【十二】作為面臨經濟和社會壓力的實際從業競爭者，西醫的看法自有其基礎；但若找中醫的回憶錄看，恐怕會有着截然相反的認知。為什麼中西醫雙方各自均認為自己是競爭中處於不利形勢的一方？為什麼那時大家都這樣信心不足？新文化運動以後大量讀書人不信中醫的例子又提示着什麼樣的心態和思想分野？對處於新舊競爭中的時人來說，似乎選擇站在某一「立場」且須保持堅定更為重要。這又是為什麼？是否立場稍不堅定就可能導致對方（哪怕是想像的）勝利？對這些問題的思考和解答，應能推進我們對民國思想與人物心態的認識。同時，在中西醫的競爭中，政治力量發揮了直接的作用，其影響的程度（及其有限性）也是值得認真思考的問題。這些都只能另文探討了。

【十三】可參閱趙洪鈞：《近代中西醫論爭史》，合肥：安徽科學技術出版社，一九八九；魯萍：「晚清西醫來華及中西醫學體系的確立」，四川大學歷史系碩士論文，二〇〇三；目前她正以「爭議中的傳統：變動世界裏的中醫」為題撰寫北京大學歷史學系的博士論文。

與醫生的「傳統」與「現代」區分的多歧現象類似，民國初年對女性服飾及當時已較敏感的女子纏足問題的態度也呈現出不止兩分的情形。這方面的城鄉差別非常明顯，此不贅論。【十四】但即使在城市中，口岸地區與內地小城仍有差別，各中小縣城之間也頗不一樣。北伐時安徽霍邱縣設有女高小學一所，兩位女教員一來自江蘇，一為留學生。她們衣着帶江南風味，「短袖露肘，長衣及腰，半天足，着草鞋」。但該校的女學生「仍舊是纏足、理髻、長服，不為所化。相形之中，愈覺得這兩位教員奇異的模樣。因此社會一般人士，對時髦的她倆，就不免洪水猛獸的歧視。一般婦女，也有同樣的心理」。【十五】

這裏服裝的新變化很值得注意，女學生仍穿象徵其身份地位的「長服」，而新派教師已穿長僅及腰的新式短服，再加上不能讀書的一般貧家女子所穿的傳統短衣，當時女性的新舊大致已有三類。一九二七年時，有人正把福建省建甌縣婦女的服飾分為三類，第一類是「縣城上、中兩級的青年婦女」，她們的服飾與前三、五年的省會時髦婦女一樣；第二類是「縣城年長的婦女和鄉村的婦女」，其服飾仍是二、三十年前的式樣，濃裝厚抹，「足是纏得不滿三寸長」；第三類是「山鄉的婦女」，服飾不講究，但「足仍纏得窄窄的，有尚嫌不窄，用木頭裝在足踵下，假裝小腳」。【十六】

一九三三年一位「曾經熱烈的參加過」放足運動的人總結雲南男子對纏足的觀念也為

三類：「一部分是新時代的知識份子，主張完全反對纏足；一部分是沒有成見的，大概以為纏也可不纏也可，只聽環境的轉移罷了；又一部分是同婦女一般的見識，也愛好小腳」。【十七】同樣，在一九三三年，廣州有報紙報道「漢口市上有三種女人，四寸半高跟摩登女郎，三寸金蓮的鄉間小姐，還有截髮而裝腳的改組派。第一種是闊人的姨太太，第二種是紗廠的女工，第三種是中等人家的管家婆」。【十八】這些地區對服飾纏足的態度皆有三類，且具體的類別又有所不同，說明審美觀和生活習俗的轉變仍在進行之中。在此進程之中，亦新亦舊者大致已成常態。

【十四】以下數段，參見楊興梅：《觀念與社會：女子小腳的美醜與近代中國的兩個世界》，《近代史研究》二〇〇〇年四期。

【十五】裴毅公：《皖北霍邱婦女生活的大概》，《婦女雜誌》，十四卷六號（一九二八年六月），頁一。

【十六】楊麗卿：《建甌婦女的生活狀況》，《婦女雜誌》，十三卷八號（一九二七年八月），頁一六。

【十七】濟民：《闢纏足的理由》，《民眾生活周刊》（雲南省立昆華民眾教育館出版），五十一期（一九三三年五月二十七日），頁五六—五七。

【十八】鉅公：《品腳》，《成都國民日報》，一九三三年四月二十日，七版。

然而，過去對亦新亦舊的現象和群體，注意尚不夠充分。在趨新的近代中國，新史學一開始本已呈現出面向基層和大眾的傾向。二十世紀初年的學人早就在提倡「民史」和「群史」，如果可以套用晚清「西學源出中國說」的老調，中國趨新史家注重下層似乎比近年西方興起的「下層史」（history from below）還要早很多。具有十足詭論意味的是，在「民」或「群」的範圍內，新舊之分傾向的影響仍然嚴重，偏舊的群體通常便不在史家的關注之中。數量極大的纏足女性，恐怕就是最為史家視而不見的一個群體。

在近代中國這樣一個男權社會中，整個女性群體可以說始終處於一種失語的狀態之中（同時期的西方也是男權社會，故女性的失語大致是一種中外皆然的共相，不過程度有所不同而已）。但是，由於纏足在近代中國已漸被認為是象徵「落後」的惡習，在基本為趨新士人所控制的輿論及出版物中，纏足女子顯然是一個受到歧視的社群，因而她們在各類印刷出來的文獻中可以說處於一種更嚴重的「失語」狀態之中；即使是提倡婦女解放的專門女性刊物，其「話語權勢」也完全掌握在反纏足者一邊，幾乎沒有給纏足女子什麼發言權。

換言之，在追求「婦女解放」這一「社會進步」的過程中，民初以來許多趨新士人為之奮鬥的一項主要原則——（女性）個人的權利及選擇生活方式的自由，卻因為纏足行為被認定為「野蠻落後」而在相當程度上被「合理地」剝奪了（至少其發言權是被基本剝奪了）。遺憾的是，纏足女性的觀念在我們的史學言說中也同樣差不多仍是個空白，許多在意識層面想要關懷女性大眾的研究者卻未能突破既存史料「話語權勢」的無形「控制」，「新的崇拜」在史學界顯然仍有極大的影響。【十九】

廢科舉後逐漸被排除出鄉村教育領域的塾師群體，其人數雖然遠比不上纏足女性，但以近代中國鄉村區域的廣闊，他們也是一個數量相當大的群體。這些人在教育體制改革後社會地位的演化和社會變動的去向，就甚少見深入的研究。尤其對鄉村中其實存在一些並不認同民國這一新政體的士紳，幾乎無人注意。山西太原縣前清舉人劉大鵬在辛亥革命後便一直以「清代遺民」自居，不承認「民國」的合法性，直到「濟南事件」和「九一八事變」之後，才逐步放棄「大清」和「民國」的區分，而基本以「中國人」為其身份認同，到抗日戰爭爆發後則完全認同於前所不承認的「民國」。【二十】這樣的士紳當然不止劉大鵬

【十九】關於「新的崇拜」，參見羅志田：《新的崇拜：西潮衝擊下近代中國思想權勢的轉移》，《中華文史論叢》第六十─六十一輯（一九九九年十二月、二〇〇〇年三月）。

【二十】參見劉大鵬：《退想齋日記》，太原：山西人民出版社，一九九〇，頁四三一、四三三─三四、四三六、四三八─四四二、四四四、四四九、四五二、四五六、四七一、四七三、五二二。

一位，但既存的近代中國社會史研究似乎是將他們排除在關注範圍之外的。

對於一些不再積極反擊新派而規模又不太大的舊派「世界」，我們過去的注意也相當不夠。民初多半生活在上海的所謂「遺老」，其實就自成一「世界」。他們當然也不滿意時代的發展，但除少數認真捲入清朝「復辟」活動者外，多數人實際已基本不問政治，而過着一種帶有「大隱在朝市」意味的世內桃園生活。這些人的文酒過從之中當然有大量的牢騷不平之語，但其所嚮往的目標、競爭的成敗、以及關懷的事物，其實與這一「世界」外的人頗不相同。比如詩文（當然是以同光體為主）的好壞，對他們來說其重要性可能就不亞於民國政治中的派系之爭或思想界的文體之爭。很可能由於這一「世界」的人愈來愈少「預流」於其所處時代的主流思想言說，特別是日漸淡出當時的新舊之爭，我們過去的史學論述，即使在論及舊派時，對此社群也幾乎是略而不提的。

稍有些類似而其實很不相同的另一小「世界」，是四川（基本居住在成都）的「五老七賢」及其追隨者，這些人幾乎都有前清功名，在辛亥革命後雖不十分認同新的地方政權（然不取對立態度），卻也不再像傳統社會那樣返回故鄉定居，而往往留在都市「安排詩酒度餘生」（他們的子女又多較趨新，有些在很早時已就讀於同文館和譯學館，這在相當程度上也反映其社會態度）。與上海的遺老社群不一樣的是，「五老七賢」在四川有相當高的社會地位，同時還具備一定的政治影響力（這在民初中國不是僅見也極為少見）。以軍閥爭戰頻繁著稱的民國四川，遇有軍閥力量相持不下或勝負已判之時，常常都要由「五老七賢」出面領銜通電呼籲甚至安排和平解決的局面。其餘大的政治或社會事件，也多能聽見他們的聲音。但對其個人以及其數量不大的追隨者而言，詩文的好壞似乎仍是他們非常重要的關懷。

對這類規模不大的「世界」，過去學界基本是忽視的。四川的「五老七賢」到底是哪幾位現在似已無定論了（其實應該是可以通過研究而確定的）。我可以大膽地說，在沒有認真研究「五老七賢」的生活及其社會政治影響之前，我們對民國前期二十餘年四川的社會、思想與政治的認識，都是相當不充分的。【二十一】同樣，上海「遺老」的生活和心態，又何嘗不是民國萬花筒中不可或缺的一點，雖然其光澤也許暗淡一些（恐怕還不一定），但沒有暗淡又何以見得出亮者的光輝呢？

我們（當然包括我自己）過去的近代史研究或者較多注意時代的「亮點」以及新舊的

【二十一】許麗梅的「民國時期四川『五老七賢』述略」（四川大學歷史系碩士論文，二〇〇三年）已對此進行了一些初步的探討。

兩極，畢竟中國近代史的研究是在本世紀才起步，草創時期先抓住主流也是正常的情形。現在新世紀即將來臨，在這一學科已漸趨成熟之時，研究者自身就應提出更高的要求了。既存研究中的失語群體多偏於舊（或不夠新），似乎也提示着他們更多體現了近代中國不變（或傳統延續）的一面。對這些群體更深入的了解，必能強化我們對近代中國的整體認識。記得法國有位華裔學者曾說傳統中國畫的關鍵在「不畫」的部分，這見解或者有點太高遠，但彌補我們近代史畫面上失語的部分，或者不失為今日以及明日史家的努力方向。

其實，新舊之分畢竟是當時人自己的認知，說近代中國存在「多個世界」，並不一定意味着在觀念上根本推翻「兩個世界」的說法；但多個世界的提法似更細緻而少遺漏，更能表現近代中國的多歧性。我想強調指出的是，不論是兩分還是多歧，各個「世界」之間都並非截然分開，而是在許多方面彼此互滲和相互重合覆蓋。這些錯綜複雜的現象似乎增添了歷史的模糊感，然而歷史本身或許並不那樣黑白分明、界限清晰，很可能本來就更多是雜而不純的。

至少如陳寅恪所說：「吾人今日可依據之材料，僅為當時所遺存最小之一部，欲藉此殘餘斷片，以窺測其全部結構，必須備藝術家欣賞古代繪畫雕刻之眼光及精神，然後古人立說之用意與對象，始可以真了解。」換言之，這樣一種「了解之同情」的研究取向，其前提即承認研究者的認識能力及其可據材料都是有限的。不論歷史現象本身是否黑白分明，這種雙重的有限會使我們對歷史的認知其實也相對有限。已逝的史事既然未必充分可知，則我們重建出的史實若過於界限清晰，反可能是「言論愈有條理統系，則去古人學說之真相愈遠」。【二十二】說不定，歷史的魅力正蘊涵在其朦朧之中呢。

原刊《四川大學學報》一九九九年六期

【二十二】陳寅恪：《馮友蘭〈中國哲學史〉上冊審查報告》，《金明館叢稿二編》，上海：上海古籍出版社，一九八〇，頁二四七。

大綱與史：民國學術觀念的典範轉移

在民國初年的中國學術界，胡適的《中國哲學史大綱》是開風氣之作，基本提供了一個相對全面的新學術典範，這是學界大致的共識。【一】從今天的眼光看，胡適所為兼顧了繼往開來的性質：從胡適個人的學問講，他顯然是繼往的東西多；從胡適的時代言，則又是開來的成分重。當時學術上繼往部分超過胡適的比比皆是，而開來則無人能過之。不過，胡適最初是因提倡白話文而在社會上「暴得大名」，這並不意味着他同時在上層精英學術領域內已樹立起自己的地位。他在其任教的北京大學取得為許多學人所認可的領先學術地位，還經歷了一個曲折的過程。【二】

在這一方面，胡適並不如許多人想像的那樣立刻一鳴驚人。北大早期學生毛以亨回憶說，胡適到北大，「未曾一炮打響」。「胡先生在北大，於初到後數日，即於某晚在大禮堂講墨學，到者百餘人，反應不甚良好。我與傅斯年曾去聽講，回來覺得類於外國漢學家之講中國學問。曾有許多觀點，為我們所未想到，但究未見其大，且未合中國人之人生日用標準。胡先生後來在北大研究所，與馬敍倫同任中國哲學講〔導？〕師。馬氏擔任老莊，而胡氏則指導墨學。馬氏首言，欲講名法，不可不先講老莊，口若懸河，滔滔不絕。而當時之胡先生，口才亦不甚好，遂使研究員十六人中，十五人皆隨馬氏研老莊。當時哲學系，班長為趙健，覺得不好意思，乃聲稱願隨胡先生研墨經，藉以解圍。」【三】毛氏與胡不甚相得，晚年記憶，或有不精確處，但揆諸其他信息，此言與事實相去不會太遠。

不僅學生開始不甚歡迎，胡適還面臨着同事的挑戰。他在給一年級講中國哲學史時，就有先來的老師認為胡適不通。馮友蘭在一九六二年回憶他當年在北大哲學門上課時的情景說：胡適所發的講義名為《中國哲學史大綱》，教三年級中國哲學史的老師陳漢章，在課堂上拿着胡的講義「笑不可抑」地說：「我說胡適不通，果然不通。只看他的講義的名字就知道他不通。哲學史就是哲學的大綱，現在又有哲學史大綱，豈不成為大綱的大綱？不通之至。」【四】

馮友蘭的這段回憶是要說明當時在「哲學史」課程上的新舊觀念轉換，他在此文中並

【一】參閱余英時：《重尋胡適歷程——胡適生平與思想再認識》，桂林：廣西師範大學出版社，二〇〇四。

【二】參見羅志田：《再造文明的嘗試：胡適傳》，北京：中華書局，二〇〇六，頁一四六—一五九。

【三】〔毛〕以亨：《初到北大的胡適》，原載香港《天文台》，承王汎森兄賜贈複印件，特此致謝。

【四】本段及下段，參見馮友蘭：《五四前的北大和五四後的清華》，全國政協文史資料委員會編：《文史資料選輯》，第三十四輯，頁四。

敘述道，在陳漢章之前是陳黻宸講中國哲學史，「從前三皇、後五帝講起，每星期四小時，講了一個學期才講到周公。我們問他，像這樣講，什麼時候可以講完。他說：『無所謂講完講不完，要講完一句話就可以講完。要講不完就是講不完。』」後來才是陳漢章「接着講，基本上就是《宋元學案》、《明儒學案》那一套」。到馮友蘭晚年所撰的回憶錄《三松堂自序》中，這兩個故事再次出現，原來所述二陳的話均在，僅文字小有歧異，而均隱其名。【五】

據另一個北大學生顧頡剛的回憶，陳漢章也曾教一年級的中國哲學史一課，仍是從伏羲講起，一年下來只講到商朝的《洪範》。而胡適則是丟開唐、虞、夏、商，改從周宣王以後講起，體現了非常不同的取向。【六】馮友蘭在一九三五年還講過一個故事，或者即是上面故事之一的另一個版本。他說：「我記得民國四年，沈兼士先生在北京大學講授中國哲學史，講了一學期的功夫，才講到周代。因為他的哲學是由遠古講起的。」胡適則不同，他「認為中國哲學是應該自『先秦時期』開始」。【七】這樣看來，在胡適以前講中國哲學史的，用一學期以上的時間來講周代之前的「哲學」，很可能是個共相。

馮先生認為，「從這些例子可以看出來，當時學者對於『哲學史』這門學問性質，是完全不了解」。他批評說：「當時的教授先生們所有的哲學這個概念，是很模糊的。他們看不出哲學和哲學史的分別」。陳黻宸之所言，或取禪宗義，其實禪宗式的哲學，不說話倒可以「講完」，開口反講不完。關鍵在於，「哲學史並不等於哲學，哲學史是歷史，歷史是非講不可的，不講別人就不知道。既然講，它總要有個開端，有個結尾」。他的結論是：哲學史可以有詳略，但它「不是哲學的大綱」。【八】對沈兼士和胡適的歧異，馮也有所評論，他說：由於「沈先生認為的中國哲學史的發創的時期比胡先生認為的較早，所以沈先生對於『先秦』以前的哲學以為仍有研究之必要」。馮自己是站在胡適一邊的，他主張「先秦以前並沒有哲學，那時確實沒有哲學思想產生，所以那時不應引起我們的注意或研究」。【九】

【五】馮友蘭：《三松堂自序》，北京：三聯書店，一九八四，頁二〇〇。

【六】顧頡剛：《古史辨第一冊自序》，上海：上海古籍出版社，一九八二年影印版，頁三六。

【七】馮友蘭：《近年史學界對於中國古史之看法》，《三松堂全集》，卷十一，鄭州：河南人民出版社，一九九二，頁二八四—二八五。

【八】馮友蘭：《五四前的北大和五四後的清華》，頁四；《三松堂自序》，頁二〇〇。

【九】馮友蘭：《近年史學界對於中國古史之看法》，頁二八四—二八五。

我們都知道馮友蘭和胡適在中國哲學史領域裏有許多不同甚至對立的見解，而馮先生先後三次撰文，皆站在胡適一邊為其辯護，肯定其在哲學史領域的學術開創意義，老一輩人的學術風範的確令人佩服。對今日的學人言，哲學史不是哲學大綱應該是不成問題的；但對當時人來說，問題恐怕沒有那麼簡單。同時，馮先生支持沈兼士的理由似也不足以服人，因為中國何時有「哲學思想產生」這一判斷只能建立在何謂「哲學」的基礎之上，而當時學界對這兩點其實都不無見仁見智之解。

「哲學」這個術語本非中國自產，而是從日本人那裏轉手來的西詞之譯名，早年國人也有譯成「智學」或「愛智學」等等的。中國既然長期無此術語，其實也可以說並沒有嚴格意義上的「哲學」。西方哲學最講究而須臾不可離的「存在（Being）」，中國傳統思想中便無確切對應的概念；即使有意思相近者，也不為中國思想家所特別重視到離不得的程度。中國文化本來自成體系，更完全可以不必有什麼「哲學」。

曾經多讀西方哲學著作的中國古代史專家傅斯年便認為，中國上古只有「方術」，到漢代始可言「思想」，卻從來沒有什麼「哲學」。他自稱在一九二二—一九二三年間留學歐洲時，「見到中國之大興國學、大談其所謂文化，思著一小書，姑名為『斯文掃地論』」。全書共四章，其中一章就名為「廢哲學」。【十】據傅斯年的看法，哲學是依附於

語言特質的附產品，而漢語實非哲學語言，故周秦諸子不是哲學家。【十一】

在一九二六年十月寫定的致顧頡剛信中，傅斯年明確表示「不贊成適之先生把記載老子、孔子、墨子等等之書呼作哲學史。中國本沒有所謂哲學，多謝上帝，給我們民族這麼一個健康的習慣。我們中國所有的哲學，盡多到蘇格拉底那樣子而止，就是柏拉圖也不尚全有，更不必論到近代學院中的專技哲學，自貸嘉、來卜尼茲以來的。我們若呼子家為哲學家，大有誤會之可能。……現在我們姑稱這些人們（子家）為方術家。思想一個名詞也以少用為是，蓋漢朝人的東西多半可說思想了，而晚周的東西總應該說是方術。」【十二】這一看法他那時也曾對胡適說過：「中國嚴格說起，沒有哲學（多謝上帝，使得我們天漢的民族走這麼健康的一路！），至多不過有從蘇格拉底以前的，連柏拉圖的都不盡有」，至於類似近代西方的學院哲學，「更絕對沒有」。【十三】

【十】《朱家驊、傅斯年致李石曾、吳稚暉書》，一九二七年五月十六日，《傅斯年全集》，台北：聯經出版公司，一九八〇，第七冊，頁一〇一。

【十一】傅斯年：《戰國子家敘論》，《傅斯年全集》，第二冊，頁八五—八七。

【十二】傅斯年：《與顧頡剛論古史書》，《傅斯年全集》，第四冊，頁四七三。

【十三】傅斯年致胡適，一九二六年八月十八日，《胡適遺稿及秘藏書信》，耿雲志主編，合肥：黃山書社，一九九四，第三十七冊，頁三五七。

傅斯年提出：「大凡用新名詞稱舊事物，物質的東西是可以的，因為相同；人文上的物事是每每不可以的，因為多似同而異。」他之所以用「方術家」或「方術論者」這個名詞來稱呼諸子，即「因為這個名詞是當時有的，不是洋貨」。從「《莊子．天下篇》至《淮南鴻烈》、枚乘《七發》皆如此稱，這是他們自己稱自己的名詞」。周秦諸子「大大多數是些世間物事的議論者，其問題多是當年的問題，也偶有問題是從中國話的特質上來的（恰如希臘玄學是從希臘話的特質出來的一樣），故如把後一時期、或別個民族的名詞及方式來解他，不是割離，便是添加」。他強調：「不用任何後一時期、印度的、西洋的名詞和方式」來處理中國思想言說是研究中國古代思想應該遵守的「教條」。【十四】

在一九二七—一九二八年間中山大學的講義《戰國子家敍論》中，傅斯年更加詳細地論證了這一看法。他重申中國沒有西方意義的哲學，「漢士（土？）思想中原無嚴格意義的斐洛蘇菲（philosophy）一科，『中國哲學』一個名詞本是日本人的賤製品；明季譯拉丁文之高賢不曾有此，後來直到嚴幾道、馬相伯先生兄弟亦不曾有此。我們為求認識世事之真，能不排斥這個日本賤貨嗎？」子家討論的內容「在西洋皆不能算做嚴格意義下之哲學，為什麼我們反去借來一個不相干的名詞，加在些不相干的古代中國人身上呀！」因此，還是把「周秦漢諸子」稱作「方術家」更接近歷史真相。【十五】

到一九四〇年七月，時任職於中國文化基金會的朱家驊致函傅斯年，徵詢關於修改資助學科名稱及資助範圍增設國學一科之事，傅回信極力反對增設國學，並論及「哲學一科，自亦可有」，但「今日國內之哲學，要以有基礎者為絕少，胡言亂道而自命為哲學者則絕多」，實際上恐怕還不能算已形成一種規範的「學科」。若「一設此科，未必有補，而貴會徒然多事矣」。【十六】傅斯年的用語較前已溫和得多，而意思仍很明顯：西來的「哲學」尚未在中國生根，遑論發展。這樣一種對當時中國治哲學者的認知，或者未必能得哲學學人的同意，但正是他以前哲學觀的自然延續。

諸子所論非「哲學」而實「方術」的觀念。其實與新文化人普遍接受的「還歷史以其本來面目」的觀念是一致的（當時的馬克思主義史家也基本接受這一觀念），提倡後者最力的胡適當然也就易於接受前者。而且胡適自己也是最不欣賞隨意使用「新名詞」

【十四】傅斯年：《與顧頡剛論古史書》，頁四七三；《戰國子家敘論》，頁八八；傅斯年致胡適，一九二六年八月十八日，《胡適遺稿及秘藏書信》，第三十七冊，頁三五七。

【十五】傅斯年：《戰國子家敘論》，《傅斯年全集》，第二冊，頁八八—八九。

【十六】傅斯年致朱家驊，一九四〇年七月八日，台北中研院史語所藏「傅斯年檔案」。

的，【十七】所以他很快接受了傅斯年的看法，漸多強調自己研究的不是「哲學史」而是「思想史」。胡適晚年自述說，「後來我總喜歡把『中國哲學史』改稱為『中國思想史』」。這是有實據的，他原在撰寫的「中古哲學史」，到北伐後即正式改名為「中古思想史」。胡適更明確表態：「我個人比較喜歡用『思想史』這個名詞，那比『哲學史』〔更為切當〕」。【十八】他自己也承認這是受傅斯年影響，指出正是傅斯年「不贊成用哲學史的名字來講中國思想，而主張用中國思想史的名字」。【十九】

而胡適不久即體現出他比傅斯年更勇於「大膽的假設」。他於一九二九年六月三日在大同大學演講「哲學的將來」，認為「過去的哲學只是幼稚的、錯誤的或失敗了的科學」，故「只可在人類知識史與思想史上佔一個位置」。他進而明確論及「哲學的根本取消」說：「問題可解決的，都解決了。一時不能解決的，如將來有解決的可能，還得靠科學實驗的幫助與證實。科學不能解決的，哲學也休想解決；即使提出解決，也不過是一個待證的假設，不足以取信於現代的人。故哲學自然消滅，變成普通思想的一部分。」於是「將來只有思想家，而無哲學家」。【二十】

過去的「哲學」已成思想史，將來的「哲學」也會「變成普通思想」，這顯然是典型的傅斯年思路的發展。哲學系畢業也任教於哲學系的胡適竟然要「取消哲學」，其「大瞻」和激烈又遠在傅斯年之上。值得注意的是胡適這裏討論的是普遍意義的「哲學」，而非傅斯年所說的具體時空內的「周秦漢諸子」的思想。傅斯年雖然明確表示了對哲學的不欣賞（所以沒有「哲學」的中國才「健康」），但從他所說的哲學與語言的關係看，西方哲學是不至於「消滅」的。胡適常愛說哲學是他的「職業」而史學是他的「訓練」，其實他受到的正式訓練恰在西洋哲學，他對傅斯年思路的這一跨越時空的「發展」表明，他的思維習慣仍更多是偏於「哲學的」而非「史學的」。

胡適在這裏討論的哲學與科學的關係，提示了新文化人當時的一種隱憂，即哲學的一

【十七】參見羅志田：《再造文明的嘗試：胡適傳》，頁一四二—一四三。

【十八】唐德剛譯注：《胡適口述自傳》，上海：華東師範大學出版社，一九九三，頁二二九、二四九。

【十九】胡適：《傅孟真先生的思想》，《胡適講演集》，台北：中研院胡適紀念館，一九七〇，中冊，頁三四一。

【二十】《胡適的日記（手稿本）》，台北：遠流出版公司，一九九一，第八冊，一九二九年六月三日（原書無頁），王汎森兄已注意及這一材料，他並從胡適當年書信日記中梳理出多條胡適在這方面受傅斯年影響的證據。參見其《傅斯年對胡適文史觀點的影響》，《漢學研究》十四卷一期（一九九六年六月），頁一九一—一九二。

度風行已對科學的推廣產生了威脅。陳獨秀在一九二〇年春指出，「現在新文化運動聲中，有兩種不祥的聲音」，其中之一就是「科學無用了，我們應該注重哲學」。【二十一】可知新文化運動當年「哲學」也曾是一個有威懾力的新名詞，其威懾力首先當然因其是西來的。但正如傳教士早年努力傳播過的西來「科學」後曾有力地威脅到同樣西來的基督教一樣，西來的「哲學」如今也影響到了「科學」的推行。【二十二】陳獨秀感到有必要強調：「哲學雖不是鈔集各種科學結果所能造成的東西，但是不用科學的方法下手研究、說明的哲學，不知道是什麼一種怪物」；而「現在有一班青年，把周秦諸子、儒佛耶回、康得黑格爾橫拉在一起說一陣昏話，便自命為哲學大家，這不是怪物是什麼？」【二十三】

其實諸子之成為「哲學」，部分正因新派中國學人欲使中國學術「科學化」，而努力從「傳統」中找「現代」的心態（此風今日猶盛）所致；而「哲學」的風行，更與胡適的《中國哲學史大綱》直接相關；所以陳獨秀指明這是新文化運動內部的觀念。傅斯年特意要辨明中國無哲學，多半也是直指胡適，有明顯的針對性。陳獨秀雖未到否認中國有「哲學」的地步，其論證則與傅斯年的言論相當接近。傅斯年更早在北大讀書期間，就曾上書校長蔡元培，認為「哲學與科學之關係長，而與文學之關係薄」；那些以為「哲學、文學聯絡最為密切，哲學、科學若少關係者，中國人之謬見然也」。【二十四】有意思的是，胡適曾經就是帶有傅所謂「謬見」的「中國人」之一，他早年在美國棄農學而轉入哲學，正欲「以文學發揮哲學之精神」。【二十五】不過到一九二九年的演講中，胡適的態度又轉為重科學而棄哲學了。

「文學」和「哲學」都是新文化運動中比較得意的學科，自己就在哲學門讀書的顧頡剛，在一九二一年致友人王伯祥的信中曾表示，「自知於哲學、文學都是不近情的」，

【二十一】陳獨秀：《新文化運動是什麼》，《新青年》七卷五號（一九二〇年四月一日），頁一（文頁）。

【二十二】西來各事物相互影響其在中國的發展，正是「西方分裂」的明顯表徵，參見羅志田：《傳教士與近代中西文化競爭》，《歷史研究》一九九六年六期；《西方的分裂：國際風雲與五四前後中國思想的演變》，《中國社會科學》一九九九年三期。

【二十三】陳獨秀：《新文化運動是什麼》，《新青年》七卷五號，頁二（文頁）。

【二十四】傅斯年書收錄在高平叔編：《蔡元培全集》，卷三，北京：中華書局，一九八四，頁一九四—一九七。

【二十五】參見羅志田：《再造文明的嘗試：胡適傳》，頁六八—六九。

故只願「做一個科學的史學者」。【二十六】他說出的選擇次序，提示着哲學與文學才是時人的首選，而史學則不很受看重。留學美國習史學的孔繁霱稍後也注意到，「新文化運動中，談經濟學、談社會學、談哲學、談文學，莫不風靡一時，而亦絕少談史學者」。其影響所及，「近年以來，我國士子留學海外者，稍知人生學科之重要，政治學也、經濟學也、社會學也、心理學也、哲學也，問津者漸漸有人。惟專治史學者，則全美不三數人」。【二十七】

顧頡剛覺得有必要向朋友解釋其學科選擇次序，含義殊深。梁啟超在一九〇二年曾說，「今日泰西通行諸學科中，為中國所固有者惟史學」。【二十八】一九〇五年劉師培作《周末學術史總序》，「採集諸家之言，依類排列」，所依的是西學分類，包括心理學史、倫理學史、論理學史、社會學史、宗教學史、政法學史、計學（今日稱經濟學）史、兵學史、教育學史、理科學史、哲理學史、術數學史、文字學史、工藝學史、法律學史、文章學史等，儼然有一種新型的「六經皆史」趨勢。【二十九】到民初則趨新者多主動選擇非中國所固有的學科，朱希祖注意到，當北大史學門正式建立時，中國文學門「教員於新文學有慊者，大都改歸中國史學門」。文科學長陳獨秀希望朱希祖能到史學門作主任，朱自己則有意「研究新文學」而「不願改入史學門」。【三十】任何學科的發展離不開積累，哲學雖為時人新寵，畢竟學術積累不足，所以陳獨秀視為「怪物」而傅斯年指為「胡言亂道」。

反復申說這麼多，當然不是要翻什麼案，否認或貶低馮友蘭敍述中胡適在中國「哲學」領域裏所起的劃時代作用；也不是說我們今日哲學系的中國哲學課可以取消（但文

【二十六】轉引自顧潮、顧洪：《顧頡剛評傳》，南昌：百花洲文藝出版社，一九九五，頁一一九。

【二十七】孔繁霱：《與梁啟超討論中國歷史研究法》，《改造》，四卷八號（一九二二年四月），頁一（文頁）。

【二十八】梁啟超：《新史學》，《飲冰室合集·文集之九》，北京：中華書局一九八九年影印，頁一。

【二十九】文載《國粹學報》第一年第一期。按：劉師培是以清季後來者的身份立言，故其文雖名曰「史」，所論實周末之學術本身。

【三十】朱希祖：《北京大學史學系過去之略史與將來之希望》，《朱希祖文存》，周文玖選編，上海：上海古籍出版社，二〇〇六，頁三二九。當然，從學術的內在理路看，在新型的「六經皆史」趨勢下，史學部分失去自身獨立的學科認同，反呈被掩蓋之勢，也是一個應該考慮的因素，詳另文。

化體系不同，隨意用西方哲學概念或名詞套中國思想，恐怕多易造成「始亂終棄」的結局）；只不過希望重建時人關注所在的語境，藉以理解馮先生試圖說明的當時「中國哲學史」課程上的新舊觀念轉換，或有助於我們認識胡適在學術界所開風氣的寬廣。實際上，馮友蘭所主張的「哲學史」即「哲學之歷史」的意思，也是今日我們一般認可的，應該就是由胡適開始肯定下來的。

陳漢章當年拿着《中國哲學史大綱》取笑胡適，或不排除有新舊之爭或文人相輕的意思，但所透露的消息卻遠不止此。因為在「我說胡適不通」時，還只是一廂情願，或確有文人相輕的個人傾向之意。到了在課堂上拿着證據「笑不可抑」時，已肯定是真正覺得其「不通」了。可以說，在胡適之前的北大，「哲學史」三字當是一整體的概念，即「哲學的大綱」，而不是「哲學之歷史」的意思。所以我們切不可將歷史的電影片子倒着放，以為是陳老先生自己「不通」。

若回到當時的語境中，對陳漢章及其他與陳持同樣的觀念的學者來說，既然「哲學史」就是「哲學的大綱」，則其用一年的時間只講到《洪範》或周公，正無可厚非。過去中國人本認為中國文化精神以「三代」為最高境界，當然是主要講清三代就好。且陳氏等對西洋名詞「哲學」也是有體會的：歷代學人講「三代」，多因對現實有所不滿，以神遊曠古出之，但也恰好表述了立說者對人類社會的理想境界，與柏拉圖寫《理想國》的取向略同。那些被認為是三代之文的具體典籍固可能是後出，對典籍已出之後的古人來說，特別是對民初講舊學的人來說，其代表「中國哲學」之主要精神，卻不容否認。陳氏本非講「歷史」而是講「大綱」，自然注重主要精神蘊蓄之所在，而不必管是由什麼人在什麼時候所寫定。

而尚未主張「哲學消滅」時的胡適，之所以不講周宣王以前，恐怕也是覺得史料不可靠，卻未必就像馮友蘭所說的那樣認為當時沒有「哲學」。胡適在一九二一年說明他的「古史觀」是：「現在先把古史縮短二三千年，從《詩三百篇》做起。將來等到金石學、考古學發達上了科學軌道以後，然後用地底下掘出的史料，慢慢地拉長東周以前的古史。」【三十一】這意味着胡適的「截斷眾流」是開放性的，若以前的材料被證明可信時，也不排除其可用性。北大新派學生毛子水在討論用科學方法來「研究國故」時，就把用《洪範》的材料作哲學史和用緯書的內容作孔子傳視為「比用三代鼎彝的款識來說三代的文字

【三十一】胡適：《自述古史觀書》，《古史辨》，第一冊，頁二二。

更不可靠」。【三十二】這雖不必一定是得自胡適的見解，多少提示了一些新派學人的共識。在「哲學」問題上得到馮友蘭辯護的胡適自己，其實有着與馮不甚同的看法。

這樣看來，馮友蘭意在強調哲學史的「歷史」性質，但他卻忘了用歷史的眼光來看問題。歷史不僅僅是有開端和結尾，它本身是一個發展的進程；考察歷史事物也應該「隨時隨地」，以同一時段同一地域裏的眼光來看待當時當地之事物（即傅斯年所提倡的不用後一時期或別個民族的名詞及方式來處理史事）。據馮友蘭自己的觀察，北大和清華在「教育界各自代表一種風格」，在「學術界也各自代表一種流派」。在哲學方面，北大哲學系注重「哲學經典的學習，注重哲學史的學習」，而清華則注重「哲學問題的分析和解決」；「在歷史學方面，北大注重在史料的搜集和考訂，清華着重在對於歷史事實的分析和評論」。【三十三】馮先生雖出身北大，卻長期在清華任教，看來還是多受他眼中清華學風的影響。他無意中以後出之義來評判先前之事，足證其到底還是更偏於「哲學」，而不夠「歷史」（就像胡適比傅斯年更偏於「哲學」而不夠「歷史」一樣）。

附帶地說，某一「學」與「學史」之間的關係或定義問題，在民初並非哲學領域所獨有。前引梁啟超所說和劉師培所為，都提示着由於史學為中國所固有，相對較易修習和從事，結果清季民初各新學術門類一開始似都有與史學掛鈎的情形，無意中仍走入史學一

途。「哲學大綱」成為「哲學史」，很可能也是這同一路徑的附產物。一九一八年北大中

【三十二】毛子水：《國故和科學的精神》，《新潮》，一卷五號（一九一九年五月一日），上海書店一九八六年影印本，頁七三七—七三八。有意思的是，毛子水對使用金文說三代持懷疑態度，認為不是「科學的精神」，可知他在這一點上傾向於章太炎的觀點。他又說：「現在有些人用明堂比傅議會，根據《山海經》來講學術史，說《太極圖》是夏鼎上的東西——這等的論斷，我覺得很不妥當」。對於以《山海經》及《楚辭》來考證殷王世系的王國維來說，《山海經》等書雖不免「謬悠緣飾」，其「所言古事亦有一部分之確實性」，不可「完全抹殺」（王國維：《古史新證》，北京：清華大學出版社，一九九四年影印，頁五二—五三）。而《山海經》更是蒙文通論證中國上古區域文化的主要依據之一（參見《蒙文通文集》，第一—三卷，成都：巴蜀書社，一九八七、一九九三、一九九五）。如果說王國維和蒙文通都不免有偏「舊」的嫌疑（其實在學術上他們都不舊），毛氏的新派同學傅斯年也認為，就殷代歷史而言，《史記．殷本紀》的記載有不少錯誤，而《左傳》、《國語》的記載又過度倫理化，它們的史料價值反低於像《山海經》和《楚辭．天問》那樣帶有神秘色彩的古籍（傅斯年遺稿《中國上古史與考古學》，藏台北中研院史語所「傅斯年檔案」）。可知當時對學術研究在「眼光」上的「突破」新舊俱有，而趨新的毛子水多不接受，他基本繼承了過去讀書人視《山海經》為不可信之「異端」的觀念，這又從一個側面提示了當時新舊人物及其學術觀念有着明顯的錯位。

【三十三】馮友蘭：《五四前的北大和五四後的清華》，頁一、一一。

國文學門的教授會，即曾專門重新確定「文學」和「文學史」的講授方法和內容，他們主張「文學史在使學者知各代之變遷及其派別」，而「文學則使學者研尋作文之妙用，有以窺見作者之用心，俾增進其文學之技術」。【三十四】北大文學門創設已好幾年，此時仍在着力於界定「文學」和「文學史」的範圍，揭示出類似學術典範問題在當時帶有一定的普遍意義。

實際上，此後大綱即史的學術觀念仍在傳承。新派的鄭振鐸到二十世紀二十年代後期寫囊括古今中外的《文學大綱》（近已再版），洋洋八十萬言，其實就是《世界文學史》（那時的新派認為「新文學」本身就是世界的，所以「世界」這一定語就不必要了），但仍用「大綱」為名，尤可反證當年「大綱即史」是相對普遍的認知，曾為新舊雙方所接受。

《歷史研究》二〇〇〇年一期

【三十四】《國文學門文學教授案》，《北京大學日刊》，第一分冊，一九一八年五月二日，二版。

文學革命的社會功能與社會反響

關於新文化運動時期的文學革命，學界已有的研究不可謂不多，但以當事人胡適晚年的看法，文學革命「這一運動時常被人誤解了」。周作人則更早就指出：對民國初年的文學革命，「世上許多褒貶都不免有點誤解」。【一】他們所說的誤解，到今天仍不同程度地存在。一般對文學革命的成功一面，似乎都有偏高的評估。對於這一點，我在討論別的相關問題時已提出不同的看法，【二】這篇小文只是順沿以前的思路，略作進一步的補證。

胡適早年曾說：文學革命「之所以當得起『革命』二字，正因為這是一種有意的主張，是一種人力的促進。《新青年》的貢獻，只在他在那緩步徐行的文學演進的歷程上，猛力加上了一鞭。這一鞭就把人們的眼珠子打出火來了。從前他們可以不睬《水滸傳》，可以不睬《紅樓夢》，現在他們可不能不睬《新青年》了。」【三】《新青年》已使人「不能不睬」這個歷史事實，提示着世風的明顯轉移。而世風的轉移，又與清季廢除科舉以後的社會變化，特別是讀書人上升性社會變動的大調整有關。這一社會變動與思想發展的互動關係，是理解文學革命和新文化運動的一個重要途徑。反之，對文學革命這一層面的了解，也能增進我們對近代中國社會變動與思想發展互動關係的認識。

全面考察文學革命的社會功能與社會反響，非一篇短文所能為，本文僅試從思想史的社會視角入手，對當時的立說者和接收者進行簡單考察分析，希望能藉此對這一運動有深入一步的理解。

文學革命在立說者這一面，正如胡適後來總結的，就是要把「大眾所酷好的小說，升高到它們在中國活文學史上應有的地位。」【四】用余師英時的話說，就是要「把通俗文化提升到和上層文化同等的地位上來」。【五】而在接收者一面，小說的地位升高，看小說的「大眾」（那時更多的大眾恐怕不看小說）的地位當然也跟着升高。文學革命無疑給看新小說的邊緣讀書人提供了方向和出路。當他們從茫然走向自覺時，也必定要想發揮更大更主動的作用。而立說接受雙方的共同點，是表達或適應了近代以來邊緣向中心挑戰的大趨勢。

【一】唐德剛譯注：《胡適口述自傳》（以下徑引書名），上海：華東師範大學出版社，一九九三，頁一三七；周作人：《看雲集．論八股文》，長沙：岳麓書社，一九八八，頁八二。

【二】羅志田：《林紓的認同危機與民國的新舊之爭》，《歷史研究》一九九五年五期。

【三】胡適：《白話文學史》，上卷，上海：新月書店，一九二八，頁七。

【四】《胡適口述自傳》，頁二二九。

【五】參見余英時：《中國近代思想史上的胡適》，收在胡頌平編：《胡適之先生年譜長編初稿》，台北：聯經出版公司一九九〇年修訂版，第一冊，頁二四。

余師英時已注意到，文學革命以至新文化運動的迅速成功，與胡適和陳獨秀這兩個安徽老白話作家的配合是分不開的。余先生指出：「胡適對中西學術思想的大關鍵處所見較陳獨秀為親切」，而陳則「觀察力敏銳，很快地便把捉到了中國現代化的重點所在」，故能提出「民主」與「科學」的口號。同時，兩人在態度的激進與穩重上也頗能互補。胡適原本預想白話文運動「總得有二十五至三十年的長期鬥爭」才能成功，所以當年他的態度十分平和持重。胡適自我保護的心態甚強，鑒於在美國提倡白話詩遭大家反對的經驗，在發表其主張時，故意委婉出之，不說文學革命而說是什麼「文學改良芻議」。而陳獨秀則有「必不容反對者有討論之餘地」的氣概。如胡適自己所說：若沒有陳氏這種精神，「文學革命的運動決不能引起那樣大的注意。」【六】兩人的協作，真是文學革命的天作之合。

但是，胡陳合作的意義遠不止此。從思想史的社會視角去考察立說者與接收者的關係，胡陳合作更意味着留美學生與國內思想言說（discourse）的銜接。民初的中國，不僅存在知識精英與一般平民疏離的現象，而且還有自晚清以來西洋留學生與國內思想言說的疏離。梁啟超在《清代學術概論》中說：「晚清西洋思想之運動，最大不幸者一事焉，蓋西洋留學生殆全體未嘗參加於此運動；運動之原動力及其中堅，乃在不通西洋語言文字之人。」由此生出種種弊端，「故運動垂二十年，卒不能得一堅實之基礎，旋起旋落，為社會所輕」。從這一點看，過去的西洋留學生，「深有負於國家也」。【七】這當然說的是晚清的現象。民國以後，西洋留學生對推廣西學的參與，顯然比前增多。不過，雖然參加，也多是自說自話，不僅不能像黃遠庸所說的「與一般人生出交涉」，就是與國內的知識精英階層，也沒有多少溝通。

留學生胡適其實早就認識到梁所指出的弊病。他知道，要「輸入新知識，為祖國造一新文明，非多著書多譯書多出報不可」。但留美學生中許多人「國學無根底，不能著譯書」。胡適以為，這就是中國「晚近思想革命、政治革命，其主動力多出於東洋留學生」的根本原因。東洋留學生的學問並不見得高於西洋留學生，實際上就西學言肯定還要差許多，但東洋留學生都能「著書立說」，所以有影響；而不能「著書立說」的西洋留學生，

【六】余英時：《中國近代思想史上的胡適》，頁一三——一四；胡適日記（本文所用胡適日記為上海亞東圖書館一九三九年的《藏暉室劄記》和台北遠流出版公司一九九一年的十八冊《胡適的日記（手稿本）》，以下只注年月日），一九二一年六月二日；《胡適口述自傳》，頁一四九、一六四。

【七】梁啟超：《清代學術概論》，朱維錚校訂，上海：上海古籍出版社，一九九八，頁九八。

在中國這些思想政治運動中，就只能「寂然無聞」了。問題在於，像胡適這樣有意要參與的西洋留學生，也常覺參與無由。他曾深有感慨地指出：「美留學界之大病，在於無有國文雜誌，不能出所學以餉國人。」【八】

其實雜誌不是完全沒有，但印數少而流傳不廣。胡適與朋友們的討論多在書信中，即使發表在《留美學生月報》上，也只有留學生他們自己看。從這個角度言，陳獨秀辦的《新青年》無意中起到了使胡適和其他學人「能出所學以餉國人」的作用，從而改變了留美學生自說自話的狀態，從此留美學生就成了中國思想言說中的一支生力軍。新文化運動時胡陳合作的一個重要社會意義，正在於此。

前引胡適關於文學革命之所以為「革命」的觀念，主要是從立說者一面看問題。在接收者的一面，立說者的鞭子打得再猛，他們也不見得就要理睬。為什麼胡適、陳獨秀一提倡，舉國就能和之？陳獨秀在當時的解釋是：「中國近來產業發達、人口集中，白話文完全是應這個需要而發生而存在的。適之等若在三十年前提倡白話文，只需章行嚴一篇文章便駁得煙消灰滅。」【九】這一說法是否正確且不論，但至少提示了一個從接收者一面考察以認識文學革命的重要路徑。

胡適的《文學改良芻議》就是在《新青年》上發表後頗得「轟動效應」，於是一舉成名。對國內的人來説，文學革命的口號應是陳獨秀提出的，但陳既然將胡適許為文學革命「首舉義旗之急先鋒」，許多人也認同於這一觀念。在胡適歸國前，南社的柳亞子在給楊杏佛的信中，已説胡適「創文學革命」。【十】這個認知出自不太喜歡胡適的人，可知他在國內已是聲名遠播了。但胡適同時一稿兩投，也將文章刊登在《留美學生季報》上，卻幾乎無人理睬。這最能説明接收一面對文學革命興衰的重要。

當然，西洋留學生與國內思想言説的疏離並未完全彌合。到一九二六年，留美學者湯茂如仍在説：「中國的學者有一種共同的遺憾，就是沒有機會發表他們的所有。不識字的人，自然沒有資格聽他們的言論；即一般所謂智識階級，亦不能完全明白領會。」其原因，就在「民眾的知識程度太低」。結果，「學者自為學者，很難與社會交換意見」。【十一】這裏區

【八】胡適：《非留學篇》（一九一四），《胡適早年文存》，周質平主編，台北：遠流出版公司，一九九五，頁三五六—三六三；胡適日記，一九一四年六月二十九日。

【九】陳獨秀：《答適之》（一九二三），《陳獨秀著作選》，任建樹等編，上海：上海人民出版社，一九九三，卷二，頁五七五。

【十】胡適日記，一九一七年六月所附「歸國記」。

【十一】湯茂如：《平民教育運動之使命》，《晨報副刊》，一九二七年一月二十五日，頁一〇—一一。

別於「一般智識階級」的「中國學者」，實即留學生，那種疏離感仍清晰可見。而更重要的，仍是西化知識精英與「沒有資格」作聽眾的老百姓之間的疏離。這對非常認同「與一般人生出交涉」這一取向，並將其視為「中國文學革命的預言」【十二】的新文化諸賢來說，不能不說是一個詭論性的結局。其原因，恰蘊涵在文學革命自身之中。

近代士人講開通民智，以白話文來教育大眾，早已不斷有人在提倡，陳獨秀和胡適都曾身與清末的白話文活動。但是，晚清和民初兩次白話文運動，也有很大的區別。胡適說，前者的最大缺點是把社會分作兩部分：「一邊是應該用白話的『他們』，一邊是應該做古文古詩的『我們』。我們不妨仍舊吃肉，但他們下等社會不配吃肉，只好拋塊骨頭給他們去吃罷。」【十三】

以前的人提倡白話，是為引車賣漿者流說法，是要去「啟」別人的「蒙」。啟蒙者自身，既然不「蒙」，自然可不用白話。所以一般的士大夫，完全可以置之不理。【十四】今胡適所倡導的白話，是為士大夫自身說法，是要「啟蒙」者先啟自己的「蒙」，這就與以前有根本的區別了。可以作古文的士大夫自己，包括部分留學生，當然不會贊成；後者尤其反對得非常厲害。正因為如此，胡適的白話文主張在美國留學生圈內才幾乎完全得不到支持。後來文學革命以及新文化運動最有力的反對者，即是留學生唱主角的《學衡》派。

在意識的層面，胡適的確想要借「國語的文學」這一建設性的革命達到整合「他們」與「我們」而融鑄中國之「全國人民」的目的，但其潛意識仍不脫「我們」的士大夫意識；他要為「國人導師」的自定位決定了他最多不過做到變輕視「他們」為重視「他們」（沒有做到當然不等於不想做到）。實際上，胡適不過是依其認知中的「一般人」的標準（實即他自定的標準）來做出判斷，他那以白話文學為活文學的主張在相當長的時間裏並未得到真正老百姓的認可。最接近「引車賣漿者流」的讀者反而在相當時期內並不十分欣賞白話文學作品，張恨水就同樣用古文寫小說而能在新文化運動之後廣泛流行，而且張

【十二】胡適：《五十年來之中國文學》，《胡適文存二集》，上海：亞東圖書館，一九二四，卷二，頁一六四——一六五。

【十三】胡適：《五十年來之中國文學》，頁一九二。

【十四】那被「啟」的「蒙者」一邊，自己是否承認被「蒙」，或其承認的「蒙」是怎樣一種「蒙」（很可能只承認不識字而被「蒙」，卻並非缺少新知識那種「蒙」），及其是否想要或願意其「蒙」被「啟」，恐怕都是要打個很大的問號的。但這個問題不是這裏所能說清楚的。關於中國讀書人在清末「啟蒙」方面的努力，可參閱李孝悌：《清末的下層社會啟蒙運動》，台北：中研院近史所，一九九二。

氏寫的恰是面向下層的通俗小說。這很能說明文學革命的「成功」其實還應做進一步的分析。【十五】

就連新文化人中的周作人，對胡適的「活文學觀」也頗有保留，並從影射攻擊發展到點名批評。【十六】胡適的《國語文學史》出版後，周作人在一九二五年說：「近年來國語文學的呼聲很是熱鬧，就是國語文學史也曾見過兩冊，但國語文學到底是怎麼一回事，我終於沒有能夠明瞭。」因為「國語普通又多當做白話解」，所以，「凡非白話文即非國語文學。然而一方面界限仍不能劃得這樣嚴整，照尋常說法應該算是文言文的東西裏邊也不少好文章，有點捨不得，於是硬把他拉過來，說他本來是白話。這樣一來，國語文學的界限實在弄得有點糊塗，令我覺得莫名其妙」。這裏語氣不像周氏通常文章那麼平和，顯然是在攻擊胡適。周作人自己說他洗手不談文學已兩年，寫這篇文章是「不得已攘臂下車」，信非虛言。【十七】

周氏更進而論證說：「古文作品中之缺少很有價值的東西已是一件不可動移的事實。其理由可以有種種不同的說法，但我相信這未必是由於古文是死的，是貴族的文學。」實際上，「古文所用的字十之八九是很普通，在白話中也是常用的字面。你說他死，他實在還是活着的。……或者有人說所謂死的就是那形式——文體，但是同一形式的東西也不是沒有好的，有些東西很為大家所愛，這樣捨不得地愛，至於硬說他是古白話，收入（狹義的）國語文學史裏去了。那麼這種文體也似乎還有一口氣」。這雖未點名，已明確是專門針對胡適而言了。

在文章最後，周作人用一句話「警告做白話文的朋友們」，要大家「緊防模擬」。並進一步點出了攻擊胡適的主題。他說：「白話文的生命是在獨創，並不在他是活的或平民的，一傳染上模擬病也就沒了他的命了。模仿杜子美或模仿胡適之，模仿柳子厚或模仿徐志摩，都是一樣的毛病。」【十八】的確是「攘臂下車」了。到一九三二年，周作人在其系

【十五】參見羅志田：《林紓的認同危機與民國的新舊之爭》，《歷史研究》一九九五年五期。

【十六】周作人對胡適白話文學主張的批駁，當然不完全是就文學主張而論，大約與新文化人中「英美派」與「留日派」的內鬥，具體的說就是周氏兄弟和陳源的爭戰相關。此事已為多人討論，此不贅。

【十七】本段及下兩段，參見周作人：《藝術與生活．國語文學談》，上海：中華書局，一九三六，頁一二一——一二八。

【十八】這裏說到徐志摩，提示了周作人不滿的出處，顯然是在繼續與所謂「東吉祥胡同」諸人戰。不過胡、徐二位恰都是「英美派」中與他關係較佳者，所以也的確是有點「不得已」。

列演講《中國新文學的源流》中，仍就以上諸點正式提出不同意胡適的看法，語氣反較平和；蓋那時已事過境遷，與胡適的關係也改善了。【十九】

但是，作為新文化運動主要人物之一，周作人也面臨與胡適相同的「我們」與「他們」問題。在有意的層面，他也像胡適一樣強調新文化人與清季人的區別，故指出：清季的「白話運動是主張知識階級仍用古文，專以白話供給不懂古文的民眾；現在的國語運動卻主張國民全體都用國語」。在下意識中，周作人自己也仍有明顯的「我們」與「他們」之分。他說：對於國語，一方面要「盡量的使他化為高深複雜，足以表現一切高上精微的感情與思想，作為藝術學問的工具；一方面再依這個標準去教育，使最大多數的國民能夠理解及運用這國語」。這意思，也就是先由「我們」來提高，再普及給「他們」。【二十】

普及與提高孰先孰後，是文學革命發展到更具建設性的國語運動後愈來愈受到注意的問題。主要的趨勢顯然是先要普及。周作人在一九二二年觀察到：那時已有人認為民初的白話文仍「過於高深複雜」。他認為，國語運動中這種專重普及的趨勢看上去似乎更大眾化，其實正體現了清季白話運動由精英面向大眾這一取向的遺緒。那種「準了現在大多數的民眾智識的程度去定國語的形式的內容」的態度，恰是仍在分「我們」與「他們」的心態，以為國語也不過是「供給民眾以淺近的教訓與知識」。用一句中國內地二三十年前通行的話說，這就是「形左實右」。

周氏提出，國語更主要是作為「建設文化之用，當然非求完備不可」。而民初白話文的缺點正「在於還未完善，還欠高深複雜」。要建設，就要改造，而改造的主要方向仍是提高。他說：「我們決不看輕民間的語言，以為粗俗，但是言詞貧弱，組織簡單，不能敘複雜的事情，抒微妙的情思，這是無可諱言的。」因此，「民間的俗語，正如明清小說的白話一樣，是現代國語的資料，是其分子而非全體。現代國語須是合古今中外的分子融合而成的一種中國語」，除民間現代語外，還要「採納古代的以及外國的分子」。

到一九二五年，周作人的心態仍徘徊於既想要不分而實則仍在分「我們」與「他們」之間。他說：「我相信古文與白話文都是漢文的一種文章語，他們的差異大部分是文體的，文字與文法只是小部分。中國現在還有好些人以為純用老百姓的白話可以作文，我不敢附和。我想一國裏當然只應有一種國語，但可以也是應當有兩種語體，一是口語，一是

【十九】周作人：《中國新文學的源流》，長沙：岳麓書社，一九八九，頁一八、五五—五六。

【二十】本段及以下兩段，參見周作人：《藝術與生活·國語改造的意見》，頁一〇七—一一五。

文章語。口語是普通說話用的，為一般人民所共喻。文章語是寫文章用的，須得有相當教養的人才能了解；這當然全以口語為基本，但是用字更豐富，組織更精密，使其適於表現複雜的思想感情之用。這在一般的日用口語，是不勝任的。」不過，周氏強調，文章語要「長保其生命的活力」，其「根本的結構是跟着口語的發展而定」。【二十一】

觀此可知，胡適、周作人那輩新文化人，一方面非常認同於「與一般人生出交涉」的觀點（這裏仍有我們與他們的區別），一方面又要保留裁定什麼是「活文學」或「國語文學」這個裁判的社會角色。這就造成了文學革命諸人難以自拔的困境：既要面向大眾，又不想追隨大眾，更要指導大眾。整個五四新文化運動期間及以後相當長一段時間裏，這是努力面向大眾的知識精英所面臨的一個基本問題，也是新文化人中一個看上去比較統一而實則歧異甚多的問題。

新文學作品的實際讀者群是處於大眾與精英之間的邊緣讀書人，他們的作用使上述問題更趨複雜。余師英時在討論近代思想史上的胡適之時，已引用陳獨秀所說「中國近來產業發達，人口集中，白話文完全是應這個需要而發生而存在的」一段話，對新文化運動的社會基礎進行了簡明的考察分析。【二十二】若仔細觀察，陳獨秀所說的白話文的社會背景，實際上就是指謂那些嚮往變成精英的城鎮邊緣知識青年。【二十三】以白話文運動為核心的文學革命，無疑適應了邊緣讀書人的需要。

據鄧廣銘先生回憶，一九二三—一九二七年間他在濟南的山東第一師範唸書時，參加了「書報介紹社」。該團體「主要是售書，但出售的都是新文化方面的書，如北邊的新潮社、北新書局、未名社，南方的創造社、光華書局出的書，我們都賣。我自己每天或隔一天利用業餘時間在校門口賣書兩點鐘」。這就是「新文學」的讀者群。鄧先生自己因此「對北大特別崇拜，特別嚮往」，最後終於輾轉考入北大唸書。【二十四】但這些趨新邊緣知識青年中未能考上大學的當大有人在。

這些人的確最支持白話文運動。胡適指出的外界對文學革命一個誤解，是說他本人

【二十一】周作人：《藝術與生活．國語文學談》，頁一二三—一二四。

【二十二】余英時：《中國近代思想史上的胡適》，頁二五。

【二十三】關於邊緣讀書人社群及其與新文化運動的關係，參見羅志田：《近代中國社會權勢的轉移：讀書人的邊緣化與邊緣知識份子的興起》，收入其《權勢轉移：近代中國的思想、社會與學術》，武漢：湖北人民出版社，一九九九，頁二一六—二三〇。

【二十四】鄧廣銘：《我與胡適》，收在耿雲志主編：《胡適研究叢刊》，第一輯，北京：北京大學出版社，一九九五，頁二一三。

「發明了一種簡單化的中國語」（a simplified Chinese language）。不過這誤解其實只在「發明」二字，使中國語言「簡單化」，恐怕正是文學革命的主要力量之所在。如胡適自己所說：文學革命之所以能很容易取得成功，其「最重要的因素」就是「白話文本身的簡捷和易於教授」。他更明確指出，文學革命就是要把「大眾所酷好的小說，升高到它們在中國活文學史上應有的地位」。小說的地位升高，看小說的「大眾」的地位當然也跟着升高。胡適並有意識地「告訴青年朋友們，說他們早已掌握了國語。這國語簡單到不用教就可學會的程度」。因為「白話文是有文法的，但是這文法卻簡單、有理智而合乎邏輯，根本不受一般文法轉彎抹角的限制」，完全「可以無師自通」。簡言之，「學習白話文就根本不需要什麼進學校拜老師的」。實際上，「我們只要有勇氣，我們就可以使用它了。」【二十五】

這等於就是說，一個人只要會寫字並且膽子大就能作文。這些邊緣讀書人在窮愁潦倒之際，忽聞有人提倡上流人也要做那白話文，恰是他們可以有能力與新舊上層精英在同一起跑線競爭者。到五四運動起，小報小刊陡增，其作者和讀者大致都是這一社會階層的人。從社會層面看，新報刊也是就業機會，他們實際上是自己給自己創造出了「社會的需要」。白話文運動對這些人有多麼要緊，而他們的支持擁護會有多麼積極，都可以不言而喻了。

的確，正是嚮往「上層」的邊緣讀書人才是西向知識精英的真正讀者聽眾和追隨者。蔡和森在一九二〇年夏天就曾觀察到：他「所見高明一點的青年，多帶一點中產階級的眼光和國家的色彩」。【二十六】蔡氏當時正在法國勤工儉學，他所見的「高明一點的青年」，大致不出邊緣讀書人範疇。這些人「多帶有中產階級眼光」這一點很值得注意。因為他們本身未必就是、也並不自視為「中產階級」（此點遍觀《新民學會資料》中的通信隨處可見），正由於其有意追隨精英，所以才無意中「思出其位」，具有與其實際地位不那麼相當的「眼光」。

這樣，在知識精英面前，邊緣讀書人代大眾而為一種想像的聽眾，有時也將其所接收的再傳佈給大眾（但其所傳佈的已打下了自己的烙印）；在大眾面前，他們又代精英施行

【二十五】《胡適口述自傳》，頁一六六、二二九、一六三。注意胡適所說的「最重要」是數個並列，而不是通常的唯一之「最」。

【二十六】蔡和森致毛澤東，一九二〇年八月十三日，《新民學會資料》，北京：人民出版社，一九八〇，頁一三一。

傳統的士所具有的社會領導作用。這樣的中介功用可能部分彌合兩者的疏離，但有時也可能造成雙方虛幻的接近感。很明顯，關於文學革命「成功」的認知，從新文化運動的當事人開始，就已有些迷思（myth）的成分。胡適等人在意識的一面雖然想的是大眾，在無意識的一面卻充滿精英的關懷。文學革命實際上是一場精英氣十足的上層革命，故其效應也正在精英分子和想上升到精英的人中間。新文化運動領導人在向着「與一般人生出交涉」這個取向發展的同時，已伏下與許多「一般人」疏離的趨向。這個現象在新文化運動時或尚隱伏，然其蛛絲馬跡也多少顯露出來了。

原刊《社會科學研究》一九九六年五期

漣漪重疊：「五四」前後面向世界傾向的延續*

對北伐前的民國而言，五四運動像是一個分水嶺，將此前和此後的時代潮流大致區隔。過去一般較多注意到「五四」帶來的變化，特別是「個人」的淡出和群體的凸顯（落實在「國家」、「民族」之上）。但按胡適對中國現代思想的分期，「側重個人的解放」和「反個人主義」的「集團主義時期」的分界點要晚到一九二三年。【一】這一判斷或更多體現了胡適本人在那一時段的思想發展，【二】最近的研究證實，國家、民族至上的傾向的確從「五四」當年就開始，並日益增強，到一九二五年後就形成一種沛然莫之能禦的態勢了。【三】

另一方面，「五四」期間也是「海通」以來中國人最把自己和「世界」聯繫在一起的時候，當巴黎和會的結果告訴中國人「世界」仍是一個外在的區域、「公理戰勝」並不包括中國之時，「國家」、「民族」與「世界」的關係就未必融洽，甚或可能對立了。學生們因巴黎和會的刺激轉而偏向民族主義是一個不爭的現象，但對「五四」前新文化運動的一些要素的衝擊則不一。如果說趨重個人和團體的傾向在五四運動後呈現出某種零和（zero—sum）關係的轉變，傾向世界的趨勢卻不盡然；民族主義的興起並未立刻導致世界主義的衰落，較明顯的轉變出現還要更晚。【四】

＊本文是為大連圖書館百年紀念而作，文中的論述較多採用了拙文《理想與現實：清季民初世界主義與民族主義的關聯》（《中國近代思想史的轉型時代》，台北：聯經出版公司，

二〇〇七）二、三兩節中的內容，而更側重於「五四」反映的斷裂與延續。

【一】《胡適日記全編》，曹伯言整理，合肥：安徽教育出版社，二〇〇一，一九三三年十二月二十二日，第六冊，頁二五七。

【二】胡適自己大約即從一九二二年起開始讚頌及傾向社會主義，參見羅志田：《再造文明的嘗試：胡適傳》，北京：中華書局，二〇〇六，頁二五六—二五七、二七一—二七二。

【三】這方面新近的研究可參見魯萍：《「德先生」和「賽先生」之外的關懷——從「穆姑娘」的提出看新文化運動時期道德革命的走向》，《歷史研究》二〇〇六年一期。

【四】本文稍寬泛地使用民族主義一詞，而不刻意強調「民族主義」「國家主義」和「愛國主義」的學理區別。蓋昔年之學人若非進行專門的學理論述，遣詞用語常較隨意。梁啟超多數時候是把「民族主義」和「國家主義」當作同義詞替換使用。而胡適對其所謂「狹隘的民族主義」始終有所保留，但對「國家思想」一詞卻基本贊同地使用。他在一九三一年的《四十自述》中盛讚梁啟超的《新民說》之「最大貢獻在於指出中國民族缺乏西洋民族的許多美德」，其中所缺之一便是「國家思想」。然在他的英文自傳中有基本相同的一段敘述，其「國家思想」的英文對應詞恰是「nationalism」。參見胡適：《四十自述》，上海：上海書店影印一九三九年版，頁一〇六—一〇八；胡適自傳條目，*Living Philosophies* (New York: Simon & Schuster, 1930，我所用的是一九四二年重印本），p. 247. 與此相類，那時很多人也把「社會主義」、「人道主義」、「無政府主義」和「世界主義」當作同義詞使用，多少都有與民族主義對立的涵義。如鄧實在《論社會主義》一文中便明言社會主義「即世界主義」（文載《癸卯政藝叢書．政學文編卷一》，台北：文海出版社影印，頁九六—九七）；後者參見蔡元培《在清華學校高等科演說詞》（一九一七年三月），《蔡元培全集》（三），高平叔編，北京：中華書局，一九八四，頁二七。而且他在轉換使用這些詞時絲毫不覺有必要作任何解釋，可知這是當時較流行的用法。

「五四」前中國人面向世界的傾向甚強，故其在「五四」後的餘波仍相當有力（國家主義的提倡者當時仍明顯感覺到來自世界主義的強烈阻力）。過去的研究對此不夠重視，或因我們的史學太追求簡潔明快、邊界清晰的敘事和定性分析，對史學的豐富性強調不足。其實，前者可能如陳寅恪所說，「言論愈有條理統系，則去古人學說之真相愈遠」。[五]相反，那種反映處於競爭中的不同面相、讓更多當事人「說話」的多面化論著（**a multi-voiced work**），讀起來可能不那麼順暢，或許更接近史事發生發展的原狀。關於「五四」前面向世界傾向的急速攀升，前已略作申述，[六]本文將更多探討「五四」後民族主義和世界主義的緊張和互動，並簡略探討讀書人在其間的徘徊和掙扎。

一、知有國家更要知有個人和世界

一九一八年歐戰結束後，許多中國讀書人將其視為新紀元的開端，康有為、蔡元培和李大釗等見解不同的新舊人物都看到了世界「大同」的希望。以前曾經主張世界主義是理想而民族主義是現實的梁啟超，更有非常明顯的轉變。

早在一八九九年，梁啟超就說，在中國傳統思想中既有世界主義，也有國家主義。惟對時人來說，「世界主義屬於理想，國家主義屬於事實；世界主義屬於將來，國家主義屬於現在」。他自認從前追隨老師康有為嚮往世界大同，有「清談誤國之罪」；現在「中國岌岌不可終日，非我輩談將來、道理想之時」，當改倡切近現實的國家主義。不過，當時的中國問題「即不啻世界問題」，故中國人「言國家主義，即不啻言世界主義」。【七】可知梁氏雖在理想與現實之間做出了明確的選擇，但世界主義和國家主義在他自己心中仍縈繞不離。

在此基礎上，梁啟超曾對康有為過於重視「個人」和「世界」而輕視「國家」表示不滿。他說，康氏思想之「最缺點者有一事，則國家主義是也。先生教育之所重，曰個人的精神，曰世界的理想。斯二者非不要，然以施諸今日之中國，未能操練國民以戰勝於競爭

【五】陳寅恪：《馮友蘭〈中國哲學史〉上冊審查報告》，《金明館叢稿二編》，北京：三聯書店，二〇〇一，頁二八〇。

【六】本段與下段，參見羅志田：《激變時代的文化與政治——從新文化運動到北伐》，北京：北京大學出版社，二〇〇六，頁二六—三三。

【七】梁啟超：《自由書·答客難》（一八九九年十二月），《飲冰室合集·專集之二》，北京：中華書局一九八九年影印，頁三九。

界也」。梁氏溫和然而清晰地表明他對師門的反叛說：自己昔年曾領受康氏大同思想，惟「近者又專馳心於國家主義」，對老師此類思想「久不復記憶，故遺忘十而八九」。【八】

張佛泉已指出，梁啟超上述關於理想與現實的一段話，雖「寥寥數行，實代表梁任公一生思想中最初最大之轉變」。【九】梁氏自己晚年思想重心再轉後，曾重溫這一思想轉變歷程說：康有為三十年前的大同理想，「與今世所謂世界主義、社會主義者多合符契」。而譚嗣同《仁學》之政論，也「歸於『世界主義』」。其主張「春秋大一統之義，天地間不當有國也」；故「不可自言為某國人，當平視萬國，皆其國，皆其民」。而他自己當年到日本後「漸染歐、日俗論，乃盛倡偏狹的國家主義，慚其死友矣」。【十】

梁啟超後來的轉變很大程度上產生於第一次世界大戰結束後遊歷歐洲的聞見，他從國際聯盟的設置看到世界主義和國家主義的調和，進而提倡建設一種「世界主義的國家」。這時他主張「國家是要愛的」，但「不能拿頑固偏狹的舊思想當是愛國」，而是要「一面不能知有國家不知有個人，一面不能知有國家不知有世界」；當「託庇在這個國家底下，將國內各個人的天賦能力盡量發揮，向世界人類全體文明大大的有所貢獻」。【十一】

與梁啟超在清季的見解相比，這是一個根本性的大逆轉。以前他曾指責中國人沒有國家思想，即因「知有天下而不知有國家」和「知有一己而不知有國家」。【十二】可知這兩點是他向來所關注的，也因這樣的認知而不惜指責老師；如今卻強調既要知有國家，更要知有個人和世界，幾乎完全反其道而言之。歐戰的教訓和戰後西方人自身的反省對一些中國讀書人的警醒作用，可能還需要進一步的評估。另一方面，最能與時俱進的梁啟超顯然是在呼應稍早中國國內新文化運動中興起的思潮。

「個人」和「世界」正是新文化運動的兩大主流，傅斯年在一九一九年說的一句話有相當的代表性，他說：「我只承認大的方面有人類，小的方面有『我』，是真實的。『我』和人類中間的一切階級，若家族、地方、國家等等，都是偶像。」【十三】只要把傅先

【八】梁啟超：《南海康先生傳》（一九〇一），《飲冰室合集．文集之六》，頁六六、八三。

【九】張佛泉：《梁啟超國家觀念之形成》，《政治學報》（台北），一卷一期（一九七一年九月），頁二七。

【十】梁啟超：《清代學術概論》，朱維錚校訂，上海：上海古籍出版社，一九九八，頁八一、九四。

【十一】梁啟超：《歐遊心影錄節錄》，《飲冰室合集．專集之二十三》，頁二一。

【十二】梁啟超：《新民說》（一九〇二），《飲冰室合集．專集之四》，頁二一。

【十三】傅斯年：《新潮之回顧與前瞻》（一九一九年九月），《新潮》二卷一號（一九一九年十月），上海：上海書店一九八六年影印本，頁二〇五。

生所說的「人類」更換為梁啟超所說的「天下」或「世界」，則梁氏在清季所斥責者，到「五四」前後恰成為青年學生心目中的正面價值，並逐漸成為梁啟超自己的主張。【十四】梁、傅二位這些言論都是在五四學生運動之後，可見傾向世界的潮流仍盛而未衰。

新文化運動的主張也為時人提供了觀察世事的視角，歐戰讓梁啟超看到，國家主義的局限性正在於其對個性的壓抑。他總結說：「這回德國致敗之原，就是因為國家主義發達得過於偏畸，人民個性差不多被國家吞滅了，所以碰着英法美等個性最發展的國民，到底抵敵不過。因為『人自為戰』的功用喪失了，所以能勝而不能敗。」【十五】在這樣的思想背景下，梁啟超從一個新的角度認識並詮釋了傳統的「修齊治平」發展觀，他提出：

人生最大的目的，是要向人類全體有所貢獻。為什麼呢，因為人類全體才是「自我」的極量，我要發展「自我」，就須向這條路努力前進。為什麼要有國家？因為有個國家，才容易把這國家以內一群人的文化力聚攏起來繼續起來增長起來，好加入人類全體中助他發展。所以建設國家是人類全體進化的一種手段，就像市府鄉村的自治結合，是國家成立的一種手段。就此說來，一個人不是把自己的國家弄到富強便了，卻是要叫自己國家有功於人類全體。不然，那國家便算白設了。【十六】

觀念轉變後的梁啟超進一步看到先秦傳統思想中的世界主義甚於國家主義，他強調：「中國人則自有文化以來，始終未嘗認國家為人類最高團體，其政治論常以全人類為其對象。」故其「目的在平天下，而國家不過與家族同為組成『天下』之一階段」（這和傅斯年的見解極為接近）。他引《公羊傳》解釋《春秋》第一句「元年春王正月」說，其

【十四】按梁啟超在一九一二年說：「我國數千年教義習慣，由國家等而下之，則地方思想、宗族思想、個人思想甚發達焉；由國家等而上之，則世界思想甚發達焉。……而獨於中間之一階級曰國家者，則於其性質若未甚領解，於其設施若不得途徑，以故發育濡滯，而至今未能成形。」梁啟超：《中國立國大方針》，《飲冰室合集．文集之二十八》，頁三九。可知他也認為「國」是個人和世界之間的一個「中間階級」，但這中間卻不包括宗族和地方，凸顯出他那時特別強調「國」是最應重視的單位。

【十五】梁啟超：《歐遊心影錄節錄》，《飲冰室合集．專集之二十三》，頁二四。

【十六】即使在這樣的觀念指引下，梁啟超仍未忘記彌合中西的差異。他說，這樣的人生目的賦予中國一個絕大的責任，即「拿西洋的文明來擴充我的文明，又拿我的文明去補助西洋的文明，叫他化合起來成一種新文明」。梁啟超：《歐遊心影錄節錄》，《飲冰室合集．專集之二十三》，頁三五。

「紀年以魯國，因時俗之國家觀念也；而正月上冠以一『王』字，即表示『超國家的』意味」。不僅「儒家王霸之辨，皆世界主義與國家主義之辨」；其餘道家、墨家，也都有明顯的「超國家主義」色彩。【十七】

這樣一種結合「修齊治平」發展觀的世界傾向是當時不少人的共識，李大釗稍早已說：「今日的Democracy，不僅是一個國家的組織，乃是世界的組織；這Democracy不是僅在人類生活史中一個點，乃是一步一步的向世界大同進行的一個全路程。」且「現在全世界的生活關係，已竟是脈絡相通」；故擁護民主政治的人，不能只管自己國內的事，「必要把世界作活動的舞台，把自國的Democracy作世界的Democracy一部分去活動，才能有成功的希望」。只有「把那受屈枉的個性都解放了，把那逞強的勢力都摧除了，把那不正當的制度都改正了，一步一步的向前奮鬥，直到世界大同，才算貫徹了Democracy的真義」。【十八】由小及大逐步形成「世界大同」是李大釗一九一八—一九二〇年間反復申論的主題，這些見解跨越了五四學生運動，顯然是延續的。【十九】

蔡元培更認為，德國因提倡「絕對的國家主義，而置人道主義於不顧」，故「終不免於失敗」。他提出了「積小群而為大群」的「博大」主張，其標準即是「小群之利害，必以不與大群之利害相抵觸」。具體言之：「家，群之小者也，不能不以國之利害為標準。

故有利於家，而又有利於國，或無害於國者，行之。苟有利於家，而有害於國，則絕對不可行。」同理，「以一國比於世界，則亦為較小之群。故為國家計，亦當以有利於國而有利於世界、或無害於世界者為標準。而所謂國民者，亦同時為全世界人類之一份子」。【二十】

反倒是傅斯年雖也有着類似的思路，卻明顯逐漸向「社會」方面轉移。其心目中的「社會」究竟是人類的還是國家民族的，很值得斟酌。當他表示只承認大的方面有人類和小的方面有「我」時已經提出：「我們要為人類的緣故，培成一個『真我』。」【二十一】這

【十七】梁啟超：《先秦政治思想史》，《飲冰室合集．專集之五十》，頁二、一五四—一五五。

【十八】李大釗：《〈國體與青年〉跋》（一九一八年十二月），《李大釗文集》（二），李大釗研究會編，北京：人民出版社，一九九九，頁二四八。

【十九】參見李大釗：《聯治主義與世界組織》（一九一九年二月），《李大釗文集》（二），頁二六九；《物質變動與道德變動》（一九一九年十二月）、《由縱的組織向橫的組織》（一九二〇年一月），《李大釗文集》（三），頁一一六、一六五。

【二十】蔡元培：《〈國民雜誌〉序》（一九一九年一月），《蔡元培全集》（三），頁二五五。

【二十一】傅斯年：《〈新潮〉之回顧與前瞻》，《新潮》二卷一號，頁二〇五。

已點出了「為人類」而培養「真我」的思路。「五四」的變化使他感到，「新道德觀念必然要自動的即刻從個個青年腦中溢出，而社會道德必成此後這個時代的一個最大問題」。以前一般中國人以為道德的，「只是個政治的和資本的道德」，而「以後要轉為社會的道德，要有一個重新的組織」。【二十二】

所謂社會「重新的組織」，即是傅斯年所特別強調的「造社會」之意。【二十三】傅先生明晰地指出：

> 無中生有的去替中國造有組織的社會，是青年的第一事業。所謂造有組織的社會，一面是養成「社會的責任心」，一面是「個人間的黏結性」，養成對於公眾的情義與見識、與擔當。總而言之，先作零零碎碎的新團結；在這新團結中，試驗社會的倫理；就以這社會的倫理，去黏這散了板的中華民國。我們在這個世界上，並不僅僅是一國的人，還是世界中的市民。在現在的時代論來，世界的團結，還要以民族為單位。所以我們對於公眾的責任是兩面的，一面是一國的市民，一面是世界的市民。……幾百年或千年後的究竟，或者「世界共和國」的組成，決不以民族為單位，但現在還只能有以民族為單位的世界運動。【二十四】

儘管反復強調了「我們」不僅是一國的人，還是世界中的市民，他仍特別說明：「在現在的時代論來，世界的團結，還要以民族為單位。」故中國人也必須「以這社會的倫理，去黏這散了板的中華民國」。這和不久前要否定家族、地方、國家等「『我』和人類中間一切階級」的傅斯年，顯然已經相當不同。當老一輩的梁啟超、蔡元培等仍憧憬着以個人為基礎的「世界大同」之時，年輕的一輩已經在逐漸返回到個人和人類中間的「國家」和「民族」。尤其傅先生明言：「幾百年或千年後的究竟，或者『世界共和國』的組成，決不以民族為單位，但現在還只能有以民族為單位的世界運動。」這裏分明可見梁啟超曾經提出的在理想與現實中不能不選擇後者的同樣心態。

從梁啟超的心路歷程看，他在清季先是傾向「清談誤國」的大同思想，繼而「專馳心

【二十二】傅斯年：《時代與曙光與危機》（約一九一九），台北中研院史語所藏「傅斯年檔案」。

【二十三】參見王汎森：《傅斯年早期的「造社會」論》，《中國文化》（台北）第十四期（一九九六年十二月）。

【二十四】傅斯年：《青年的兩件事業》，《晨報》一九二〇年七月五日，五版。

於國家主義」，進入民國後再偏向於「超國家」意味的世界主義；可見他始終掙扎於「國家」和「世界」之間，時常不能不選擇其一，又總想將二者連接在一起。這樣一種心態的緊張，也反映在他很多同時代人以及年齡上下一代人之上，甚至延續到今天。

的確，清季民初的中國讀書人雖因不斷的國恥和思想的西化而服膺西方近代民族主義，但最終還是暗存一種「道高於國」的觀念，總嚮往一種在民族主義之上的「大同」境界。他們中很多人都是國難深重時便訴諸民族主義，事態稍緩又徘徊於各種接近「大同」的「超人超國」學說之間。基本上，近代中國士人在述說民族主義時，未嘗須臾忘記在此之上的大同；而其在述說世界主義或其他類似主義時，也往往在表達民族主義的關懷。【二十五】

胡適在留學期間形成他所謂的「世界大同主義」，就是一例。他那時給大同主義或世界主義所下的英譯名詞有二，一為Cosmopolitanism（今譯世界主義），一為Internationalism（今譯國際主義）。可知胡適在一開始時概念並不十分肯定，後來才逐步發展確立。他在晚年口述其自傳時，就特別注意把他所說的「世界主義」與「國際主義」區分開來。【二十六】國際主義在詞義上當然沒有世界主義那麼超越，更注重各自之國，這正是胡適的世界主義一開始就有的特點。

胡適當年雖已多讀西書，在中文表述上仍明顯受到梁啟超的影響。他曾說，「羅馬所以衰亡，亦以統一過久，人有天下思想而無國家觀念」；他也曾說西方古代的世界主義者「知有世界而不知有國家」；這些用語都是典型的「梁筆」。稍後他乾脆將其大同主義命名為「世界的國家主義」，此語雖是楊度曾使用的，大體或也出自梁啟超之「世界的國家」，更與梁此後的「世界主義的國家」心心相通。胡適給自己尊奉的世界主義所下的定義即是：「世界主義者，愛國主義而柔之以人道主義者也。」【二十七】

【二十五】關於近代中國民族主義的「超人超國」特色，參見羅志田：《近代中國民族主義的史學反思》，《學術思想評論》第十輯（二〇〇三年一月）。

【二十六】《胡適日記全編》，一九一四年十一月四日，第一冊，頁五一八；唐德剛譯注：《胡適口述自傳》，上海：華東師範大學出版社，一九九三，頁五五。

【二十七】與他對所謂「狹隘的民族主義」持保留態度相類，胡適對「愛國主義」也常在依違之間。一九一六年九月中國局勢不佳，胡適在日記中明言，「我自命為『世界公民』，不持狹義的國家主義，尤不屑為感情的『愛國者』」，本不必過憂；然對祖國危難不能忘懷，故作詩述其憂國之情，發誓祖國有難時將體現其愛。參見羅志田：《再造文明的嘗試：胡適傳》，北京：中華書局，二〇〇六，頁九三—九七。關於梁啟超和楊度的相關用語，參見羅志田：《天下與世界：清末士人關於人類社會認知的轉變》，《中國社會科學》二〇〇七年五期。

在李大釗看來，正是在世界主義和國家主義的區分上，俄國革命代表了世界新潮，因而也優於法國革命。他說：「法蘭西之革命是十八世紀末期之革命，是立於國家主義上之革命，是政治的革命而兼含社會的革命之意味者也。俄羅斯之革命是二十世紀初期之革命，是立於社會主義上之革命，是社會的革命而並着世界的革命之采色者也。」兩者所代表的「時代精神」不同，「法人當日之精神，為愛國的精神，俄人之今日精神，為愛人的精神」；「前者根於國家主義，後者傾於世界主義」，故「前者恒為戰爭之泉源，後者足為和平之曙光」，實不可同日而語。且俄國革命同樣兼有愛國精神，「內足以喚起其全國之自覺，外足以適應世界之潮流」，恰是一種魚與熊掌兼得的理想境界。【二十八】

提倡國家主義的李璜後來說，世界上人無論中西，「都沒有不愛護其國的」。那些口談「世界主義的，看見己國不安，或是稍受國際上的刺激，便立刻煩悶起來」。【二十九】中日「二十一條」事件前後胡適的心態，便是一個最佳的例證。【三十】現今研究民族主義的論著已多，效忠（loyalty）問題是不論哪一流派的民族主義都不可不處理的。近代中國傾向於世界主義的讀書人多是所謂魚與熊掌兼得派，當其不得不在「世界」與「民族國家」之間進行選擇時，選擇忠於「世界」的雖不能説沒有，實在少之又少；但世界主義又是他們始終不能忘懷者，故常常徘徊於兩者之間。

二、民族主義興起後世界主義餘波不衰

類似的思想「兩歧性」在五四運動前後波動得相當厲害，【三十一】近代中國讀書人最把自己和世界聯繫在一起之時就在「五四」前兩三年，而巴黎和會的結果卻使其大為失望，世界主義和民族主義的對立一面也得到彰顯。彭一湖在五四學生運動當時即說：「我是一個最愛世界主義最愛人類主義的人，原來世界主義有時候和國家主義不相容，人類主義有

【二十八】李大釗：《法俄革命之比較觀》（一九一八年七月），《李大釗文集》（二），頁二一七。

【二十九】李璜：《國民教育與國民道德》（一九二三），收入《國家主義的教育》，台北：冬青出版社，一九七四年再版，頁六一——六二。

【三十】參見羅志田：《再造文明的嘗試：胡適傳》，頁九七——一〇八。

【三十一】關於五四思想的兩歧性，參見張灝：《重訪五四——論五四思想的兩歧性》，收入其《幽暗意識與民主傳統》，北京：新星出版社，二〇〇六，頁二〇〇——二二六。

時候和民族主義不相容，我既然愛世界主義愛人類主義，自然把國家主義民族主義看的輕了。」但他認識到，當時「人類的進化沒有達到超國家超民族的程度」，故不能「只重理想不顧事實」，還是要「相對的主張國家主義主張民族主義」。【三十二】

歐戰的結果表明，那「正是國家主義民族主義正旺盛的時候」，在「全世界全人類都講國家主義民族主義的時代」，若「一國一民族單獨提倡什麼世界主義人類主義，那就真危險了」。倘若「你打破國界，人家就會拿他國家的勢力來取而代之；你打破民族界，人家就會拿他民族的勢力來漸滅你」。彭氏雖自詡「愛世界愛人類的人」，但終不能不承認「在實際上我仍是一個國家主義者民族主義者」，因為在那時提倡世界主義、人類主義，不僅是「不識時宜」，而且等於把世界的一部分人類拱手「讓人家蹂躪殄滅」，其結果恰是不愛世界不愛人類。他痛苦地說，自己「一方面極愛的是世界主義人類主義，卻一方面不能不講國家主義民族主義，真正是一個極大的矛盾」。

費覺天看了彭一湖的文章，便想用一種「世界的國家主義」來調和這矛盾。他說，從表面看，「既主張世界主義，則無國家；既主張國家主義，則不能大同。二者不能同時並存，所以有點矛盾」。但他所謂「世界的國家主義，即是以國家主義求世界大同」；既與偏於消極的「自衛的國家主義有點不同」，又與意在征服世界的「侵略的國家主義不同」，而是以「打破軍國，掃除強權，以為實行大同之基礎」。亦即「一面防範被人征服，一面來打破軍國，庶軍國主義可以絕跡，庶離大同實現的日子近，可以多享點和平幸福」。這樣的「國家主義，不但不是破壞世界主義，乃建設世界主義；不但不是擾亂和平，乃建設永久和平」；所以叫做世界的國家主義。【三十三】

費氏試圖以「打破軍國，掃除強權」來實行大同，基本是在復述楊度的主張，【三十四】蓋要「掃除強權」，不能不取楊氏所說的「野蠻」手段。故其所謂「世界的國家主義」，從名目到內容，大體皆本楊度的學說。而其處理的仍是梁啟超所說的理想和現實的衝突，且他也像梁氏一度提倡的那樣主張先關注目前的現實，即「國家」本身。由此可見，儘管國內國外的政治情勢都有較大的改變，面對這樣一種理想和現實之間的緊張，民初士人的

【三十二】本段與下段，一湖：《國恥紀念感言》，《晨報》一九一九年五月七日，六版。

【三十三】費覺天：《世界的國家主義》，《晨報》一九一九年五月十二日，五版。

【三十四】參見楊度：《金鐵主義說》（一九〇七），《楊度集》，劉晴波主編，長沙：湖南人民出版社，一九八六，頁二一八—二二〇。

思慮和言說大致仍未超出清季的範圍。【三十五】

重要的是，五四運動後中國民族主義的一面確有增強的趨勢，但世界主義的影響仍相當有力。廖仲愷在一九二〇年一月一日發表《中國和世界》一文說，「今天是中華民國的形式成立後第八年周年的紀念日，也是世界大同的元旦」。【三十六】他所說的「世界大同」，顯然是指同月即將正式成立的國聯。把國聯與「世界大同」相提並論，是幾個月前從康有為、梁啟超到李大釗等人的共見，【三十七】然多數人在目睹巴黎和會的結果後已對國聯所代表的理念大失所望，廖氏卻仍視之為「世界大同」的開始，很能提示世界主義的餘波依然不弱。

梁啟超在大約同時也抱持着類似的觀念，他反思說：「我們中國人一年以前期望國際聯盟未免太奢了，到了如今，對於他的失望又未免太甚了。」儘管國際聯盟沒有「鋤強扶弱的萬能力」，但它「是全世界人類共同締造的東西，我們既已是世界上一個人，總要盡我們的能力參加着，締造他，扶持他，發育他」。他強調：「我們做中國國民，同時做世界公民。所以一面愛國，一面還有超國家的高尚理想。凡屬人類有價值的共同事業，我們總要參與；而且確信我們參與之後，一定能夠增長他的價值。至於目前報酬如何，我們都可以不管。」【三十八】

余家菊後來也回憶説，他一九二二年出國留學時，國人仍「醉心於世界和平」，對威爾遜「十四條」在凡爾賽和會的失敗，「世人終覺其為偶爾小挫，難阻進化潮」。而他自己的心態也與這些國人相類，待至歐洲後則觀感大變：「我親眼看見弱小民族的困苦，親

【三十五】直到一九三六年，竺可楨還説，列強對中國「可説是抱着『兩重標準』的觀念來任意行動」。當時的國際關係是，「弱國要受公法的限制、不平等條約的束縛，而強國就可不必」。中國人現在「完全可以明白，國際間還絕對談不到公道與和平」，國際關係仍是「只有強權沒有公理」。因此，「我們盡可祝望將來世界的和平，而在今日則應確信國際間只有武裝才能將和平」。竺可楨：《大學教育之主要方針》，《國風》（南京），八卷五期（一九三六年五月），頁一四七。

【三十六】當然，他也指出：「我們中國在這世界裏天然的地位上，決不是叨光世界人類的慶祝的。」他甚至認為中國只要自己進一步努力，就「有世界救主之資格」和「做世界大同之樞紐」。參見廖仲愷：《中國和世界》，收入尚明軒、余炎光編：《雙清文集》，北京：人民出版社，一九八五，上卷，頁三五〇。

【三十七】參見羅志田：《六個月樂觀的幻滅：「五四」前夕的士人心態與政治》，《歷史研究》二〇〇六年四期。

【三十八】梁啟超：《歐遊心影錄節錄》，《飲冰室合集·專集之二十三》，頁一四九—一五〇。

眼看見各國民性的差異，親眼看見各國國民意識之發揚，親眼看見各國之劍拔弩張。」於是「和平的幻想，大同的迷夢，都粉碎了」。那時才「感覺到中國國民必須樹立自尊心，中國國家必須強盛才能自保」，從此走上國家主義之路。【三十九】

若論對當時中國內政方面的見解，梁啟超、廖仲愷和余家菊是相當不同甚或對立的，然而他們卻觀察到並分享着某種贊同世界主義的傾向，最能表明世界主義仍有相當的影響力。後來李璜、余家菊等國家主義者為了證明和捍衛國家主義，長期與世界主義和個人主義爭辯。不過，他們的戰鬥基本是防衛性的，即其很少主動向這兩個主義進攻，更多是說明國家主義與此二者並無衝突，且更適合於當時的中國。

或因其視角的獨特，在歐戰後逐漸興起的國家主義派都很注重中國當時的非國家主義傾向。與楊度據甄克思的蠻夷社會、宗法社會、軍國社會之三階段理論定「宗法社會為民族主義，軍國社會為國家主義」不同，【四十】國家主義派所說的「國家主義」就是西文的nationalisme或nationalism，他們認為該詞一般譯作「民族主義」不妥當，容易強化人和種族之意，而淡化「一定領土相當主權的重要意義」，所以要譯作「國家主義」。【四十一】故下文凡引自國家主義派的言說，其「國家主義」就是一般所說的「民族主義」。

後來的研究者多注意到五四運動後民族主義趨勢的增強，國家主義者當時則看到相反的傾向。李璜等人注意到，清季官定的國家教育宗旨，是忠君、尊孔、尚公、尚實、尚武五項；而民國元年新頒教育宗旨，仍不忘「以軍國民主義垂示國人」，這「兩個教育宗旨均含有國家主義的彩色」。一九一九年議定的教育新宗旨是「養成健全人格，發展共和精神」，已「由國家主義的教育而趨向平民主義」，但至少還有「共和精神」在；到一九二二年又頒佈新教育標準共七項，除「注意國民經濟能力」一項多少還有點國家的意思，餘所關注者為個性、平民、生活、地方等；全然不再考慮「用教育確定國體」和「用教育以綿延國命」的功能了。【四十二】

國家的教育宗旨應當如何是另一回事，至少教育界在「五四」後呈現出淡化民族主義

【三十九】余家菊：《余家菊（景陶）先生回憶錄》，台北：慧炬出版社，一九九四，頁二二〇、二六一、一三六。

【四十】楊度：《金鐵主義說》，《楊度集》，頁二一八—二二〇。

【四十一】參見李璜：《國民教育與國民道德》，收入《國家主義的教育》，頁七一；李璜：《國家主義正名》（一九二四），收入《國家主義論文集》（第一集），台北：中國青年黨黨史會一九八三年影印，頁二五—二八。

【四十二】李璜、余家菊：《國家主義的教育．序》，頁一；陳啟天：《國家主義與教育》（一九二四年一月），收入《國家主義論文集》（第一集），頁一五八。

的傾向，大致是不錯的。陳啟天說：「自從五四運動以來，一切教育的材料均起了一個大大的改變：人人以為有國家彩色的教材太狹隘，不如採用含有世界彩色的教材；紀述戰事的教材太慘酷，不如採用歌頌平和的教材較合人道；培養愛國思想的教材太危險，不如培養文化理想的教材可讚賞。」他認為這些想法「固含有一部分的真理」，然未免「矯枉過正」和「理想過高」，無助於「度過國家目前的難關」。【四十三】

換言之，當五四學生們因巴黎和會的刺激而轉偏向民族主義之時，教育界還在因應此前新文化運動和歐戰掀動的思潮。陳氏的主張本與五四學生的新動向相近，可是他卻感覺到因五四運動而起的強烈阻力。部分可能因為一般人眼中此前嚮往世界主義和如今傾向民族主義的都是同一群人，更可能是陳氏眼中所見不過是一個帶有「禮失求諸野」意味的「漣漪重疊」現象（詳後）。而陳氏再次提到理想與現實的疏離，說明梁啟超先前指出的矛盾仍在延續。

與此相類，國家主義者也始終在應對梁啟超曾指出的國家之下的地方思想、宗族思想、個人思想和國家之上的世界思想。李璜就提出，「今日恰是國家主義正開始發展的時候」，也是中國人「正離開家的生活而初入國的生活的時候」，家族道德雖「曾在一時代生過好結果」，但「今日國民的生活用不着」了；「世界主義中的太平大同」可以作為將來的希望，但今日還不是「要求實現的時候」。然而多數中國人並未「把國民的精神生活繫在國字上面」，此前「主張仍舊維持家族道德」，今日又「主張世界主義」，不是落後便是超前，一樣都是「時代觀念的謬誤」。【四十四】

余家菊也對「五四」後「近數年來各處的地域主義皆甚發達」和個人主義甚囂塵上的現象表示不滿，他說，「自生自存之慾望本是生命之根源，誰也不能否認其正當」，但若「只知自生自存而不知與人同生同存」，則「只受其害而不見其利」。中國今日「內亂迭生，外侮紛乘，想求自生自存而不於同生同存中去求，也就真正是南轅而北轍」。故「要調節地域主義與個人主義之橫流，莫如提倡全國之同生同榮」。【四十五】李璜進而說：「國

【四十三】陳啟天：《國家主義與國民教育的改造》（一九二四年九月），收入《國家主義論文集》（第一集），頁一七五。

【四十四】李璜：《國民教育與國民道德》，收入《國家主義的教育》，頁七〇。不論李璜是否在復述梁啟超的主張，他的見解與梁氏在清季提倡國家思想時所說「國也者，私愛之本位，而博愛之極點，不及焉者野蠻也，過焉者亦野蠻也」（梁啟超：《新民說》，《飲冰室合集．專集之四》，頁一八）基本是一個意思。

【四十五】余家菊：《國慶日之教育》（一九二三），收入《國家主義的教育》，頁八九—九〇。

家主義的道德便是要將家族道德之義推而廣之：愛己愛家的精神本來不錯，不過在二十世紀的今日，要其能安身立命以保妻子，則非善推其思以愛護國家不行。」【四十六】

而國家主義針對最多的還是世界主義。李璜強調，「愛世界與愛國是一個道理，不愛其國，未有能愛世界者」。【四十七】余家菊也説，中華「民族底根性，確實是最能容受世界主義的」。但不能「因世界主義之故，遂欲打破民族之樊籬」。他以威爾遜既提倡民族自決又發起國際聯盟為例説，「世界主義與民族主義本可並行不悖」；蓋「世界為擴展線，民族為出發點；世界為集團，民族為份子。份子盡可並立，不必相擾；集團固為總體，而份子仍有個性。所以世界大同，仍可容忍份子之獨立；而份子之獨立，亦無妨於世界之大同」。現在「不必顧慮民族主義是否違反世界主義，且努力使自己底民族在世界上站得住」，才是最關鍵的。【四十八】

值得注意的是，「五四」後「國家主義」之名顯然不那麼受歡迎，以至於陳啟天「為免除與習慣見聞之國家主義相混淆而發生誤解計」，特冠以「新」字，名為「新國家主義」；其實他所論述者在概念上並無改變，仍是其他國家主義派同人所説的「國家主義」。陳氏並一一論證其「新國家主義」不僅不與世界主義、和平主義、人道主義、國際主義、社會主義、個人主義、平民主義等相違背，且根本是上述主義的「基礎」，至少也

「與之相輔」。[四十九]他所述及的這些主義中，有相當部分是屬於「超人超國」範疇者。不過，這些說明仍皆是防衛性的，都不曾正面挑戰世界主義。

這樣的「新國家主義」仍未必為人所接受，鄭伯奇就一面提倡「國民文學」，一面表明與國家主義派並非同路人。他說，「一國民也如一個人一般是個生命的持續體，生命之流是前波注入後波的」；故「歷史上的偉大人物是一國民精神的支配者」。國民文學家要「在這已死了的人物中發現國民靈魂，而把它們再現出來」。但他又針對陳啟天的主張解釋說，「國民文學絕對不是利用藝術來鼓吹什麼國家主義或新國家主義的」，它「與國家主義毫無必然的關係，而提倡國民文學更不一定要贊成國家主義」。同時，國民文學也不

【四十六】李璜：《釋國家主義》（一九二四），收入《國家主義論文集》（第一集），頁一六。

【四十七】李璜：《國民教育與國民道德》，收入《國家主義的教育》，頁六二。

【四十八】余家菊：《民族主義的教育》（一九二二），收入《國家主義的教育》，頁三—四。

【四十九】陳啟天：《國家主義與中國前途》（一九二四），《國家主義論文集》（第一集），頁三七、四一—四六。

致與世界文學衝突，「我們是世界市民，我們是Cosmopolitans，這是我們的理想；我們是中國人，是漢人，這是現實」。既然「是個中國人，他便要觀照中國人的生活，感觸中國人的性情，關心中國人的運命」，所以真正的文學家自會走上「國民文學」之路。【五十】

鄭氏所說的「國民」是英文nation或national之義，他關於作「世界市民」只是「理想」，而身為「中國人」則是「現實」這一說法，仍是梁啟超在清季反復申述的見解。「理想」可以是迂遠的，而「現實」則不可逃避，這是鄭伯奇提倡國民文學的基礎。而其力圖區隔國民文學與國家主義的關聯，並表示仍堅持要作「世界市民」的理想，又提示着新文化運動時甚囂塵上的世界主義之影響力仍未衰歇。

稍後與國家主義派激烈衝突的國民黨，在後「五四」時期也感受到世界主義的強烈衝擊。孫中山到一九二四年仍說：

> 英俄兩國現在生出了一個新思想，這個思想是有知識的學者提倡出來的。這是什麼思想呢？是反對民族主義的思想。這種思想說民族主義是狹隘的，不是寬大的；簡直的說，就是世界主義。現在的英國和以前的俄國、德國，與及中國現在提倡新文化的新青年，都贊成這種主義，反對民族主義。我常聽見許多新青年說，國民黨的三民

主義不合現在世界的新潮流，現在世界上最新最好的主義是世界主義。【五十一】

在尊西趨新的民國初年，歐洲主要國家流行的「新思想」當然有着強烈的吸引力。如果「現在世界上最新最好的主義是世界主義」，而「中國現在提倡新文化的新青年」又都贊成這種主義，國民黨所提倡的民族主義當然就不那麼能吸引這些「講新文化的學生」了。故孫中山進而論證說：世界主義「照理論上講，不能說是不好」，但不適合中國的現狀。因為只有世界上征服他人的帝國主義國家，「要想保全他的特殊地位，做全世界的主人翁」，才提倡世界主義。如「德國從前不受壓迫，他們不講民族主義，只講世界主義」；但戰敗後的德國，就不會講世界主義，而要改講民族主義了。

【五十】鄭伯奇：《國民文學論（上）》，《創造周報》三十三號（一九二三年十二月二十三日），頁三、五；《國民文學論（下）》，《創造周報》，三十五號（一九二四年一月六日），頁七。

【五十一】本段與下三段，孫中山：《三民主義》（一九二四），《孫中山全集》（九），北京：中華書局，一九八六，頁二一六、二一九、二二六、二三一。

但孫中山並不從學理上反對世界主義，而強調中國固有文明中「不講打的好道德」才是「世界主義的真精神」。反之，「歐洲人現在所講的世界主義，其實就是有強權無公理的主義」，也就是「以打得的為有道理」。列強正是因為擔心中國人把「失去了的民族主義恢復起來，用此四萬萬人的力量為世界上的人打不平」，才拿「世界主義來煽惑我們」；而「近日中國的新青年，主張新文化，反對民族主義，就是被這種道理所誘惑」。

簡言之，中國是「受屈民族」，世界主義自然不適合「現在的中國人」。中國只有先把「民族自由平等的地位恢復起來之後，才配得來講世界主義」。孫中山同時指出：世界主義也「是從民族主義發生出來的」，故「我們以後要講世界主義，一定要先講民族主義，所謂欲平天下者先治其國」。中國人「要發達世界主義，先要民族主義鞏固才行。如果民族主義不能鞏固，世界主義也就不能發達」。

又幾年後，國民黨人的態度有些轉變。到一九二八年，信奉三民主義的胡漢民論證「世界主義是民族主義的理想，民族主義是世界主義的實行」說：「世界主義如果不從民族主義做去，則世界主義終歸是理想，不能實行；要實行，就要了解世界主義是從民族主義發生出來的根源，而從根源上着手去實行，才能達到世界主義的理想。」【五十二】這已是「五卅」事件促使民族主義情緒又一次高漲之後，國民黨人顯然仍感覺到世界主義的壓力。胡漢民的基本理論仍是孫中山思想的一部分，但已不再排斥世界主義，頗類似於前引國家主義派的態度。可知拉近世界主義和民族主義的努力持續了較長時間，不少讀書人不僅彷徨於其間，且盡量設法微妙地保持住這一兩歧性，而很少徹底偏向一邊。

三、結語

徐志摩曾說：「拿一塊石子擲入山壑內的深潭裏，你聽那音響又清切又諧和。餘音還在山壑裏回蕩着，使你想見那石塊慢慢的、慢慢的沉入了無底的深潭……」【五十三】假如在餘音仍回蕩時再擲入一塊石子，便會出現兩次回音的繚繞；水中看不見的先後兩塊石子還在慢慢地、慢慢地沉落，而水面的可以聞知的餘音卻已難辨彼此。同樣的情形也表現在石

【五十二】胡漢民：《三民主義的連環性》，收入郎醒石編：《革命與反革命》，上海：民智書局，一九二八，頁二七二—二八一。

【五十三】徐志摩：《濟慈的夜鶯歌》（一九二四），《徐志摩全集》，趙遐秋等編，南寧：廣西民族出版社，一九九一，卷三，頁一四八—一四九。

塊激起的漣漪之上：此前投下的石塊所激起之漣漪還在蕩漾，而後投下的石塊又激起新的漣漪。石塊雖有先後，兩次漣漪在視覺上卻是連接的，前者可能被一些人視為是新石塊所造成；且觸岸之鱗波還可借力反蕩，與襲來之新波互動重疊（overlap）。這樣一種波動不息的繁複層次雖是歷時性的，表現出來卻像是共時性的，因而也常被認知為共時性的。

這或者有助於理解歷史上那些帶有「禮失求諸野」意味的現象：中心區域已形成新的「禮」，而邊緣區域舊禮的餘波卻可能被視為新禮的影響。國家主義的提倡者在歐戰結束後仍明顯感覺到來自世界主義的強烈阻力，並視之為五四運動的後果，大致就體現了一個類似的認知。這裏並非皆是誤解：國家主義者感覺到的阻力當然是實際的而非虛幻的，他們不過未曾注意到水下正在慢慢沉落的石子是先後兩塊而已。這同樣牽涉到學界久已關注的新文化運動和五四學生運動的關聯問題，不論將兩者視為一個整體還是將其區分對待，都不能否認五四學生運動本身那分水嶺的意義。

傅斯年論「科學」在中國的歷程時說，「五四」前已有不少人立志於科學，但「科學成為青年的一般口號，自『五四』始」；正是「五四」使科學從「個人的嗜好」變成了「集體的自覺」。【五十四】在其他很多方面，「五四」也起到了變「個人嗜好」為「集體自覺」的類似催化作用。當時思想的群體性還需要進一步深入考察，「五四」後傾向民族主義的基本是此前嚮往世界主義的同一群人，容易形成一種漣漪重疊的表象，多少掩蓋了民族主義對世界主義的衝擊強度；同時，「五四」前傾向世界的「集體自覺」在時間的長久和認同範圍的廣度兩方面，恐怕都超過了傾向個人的，故民族主義對前者的衝擊效果的確不如對後者那麼明顯快捷。

在「後五四」的幾年中，「前五四」的一些要素雖可見中斷和轉移，仍有不同程度的延續。張太雷在一九二四年就說，五四運動之後，以前「對舊社會思想的攻擊幾乎完全停頓，一切新出版物都換了戰鬥方面」，卻忽視了有人又在提倡東方文化。他強調，「世界文化是整個的」，其中「西方的是更進步的」；東方文化要逐漸趕上西方文化，「以趨於世界文化的一致前進」。故應有針對性地提倡社會主義，使青年學生樹立「世界的科學的人生觀」。但他同時注意到，一些青年雖能脫離中國舊思想，卻不「能掃除他們固有的個人主義的根性」，結果「又走入了個人主義的無政府主義」。【五十五】似乎前引傅斯年和梁

【五十四】傅斯年：《「五四」二十五年》（一九四四年五月），《傅斯年全集》，長沙：湖南教育出版社，二〇〇三，卷四，頁二六二。

【五十五】張太雷：《中國社會主義青年團和中國的學生》，《張太雷文集》，北京：人民出版社，一九八一，頁四九—五一。

啟超那種「個人」與「世界」並重傾向仍有所延續。【五十六】

國家主義者在那時仍感到來自世界主義的明顯壓力，提示出一個更為根本的趨勢：想要「進入世界」其實是好幾代中國讀書人嚮往和努力的目標。蔡元培在「五四」前夕已說，「世界的大勢已到這個程度，我們決不能逃在這個世界以外」，只能「隨大勢而趨」。【五十七】傅斯年在「五四」當年就看到了中國想要「跳進世界流去」的困窘，【五十八】而張君勱到一九三四年仍在強調中國「趕到世界文化隊內去」的必要。【五十九】這類形象的表述，充分反映出不止一代中國讀書人迫切的心聲，體現了他們「走向世界」的主動和自覺。【六十】

五四學生運動確實掀起了愈來愈高漲的民族主義浪潮，壓倒了此前一度得到伸張的個人主義。雖有少數傾向自由主義的讀書人仍不時提及「個人」，整體上側重個人的傾向從此淡出中國思想界，迄今亦然；但在民族國家與世界的關係方面，由於「超人超國」傾向本是近代中國民族主義的一個表現形式，民族主義的波濤蓋過世界主義基本呈現為階段性的，且要到稍晚才逐漸明顯，至少在「五四」後好幾年裏，此前達到高潮的面向世界取向仍在持續。

不論前引張太雷的觀察是否具有普遍性，有意思的是，他不僅主張用超人超國的社會主義來體現世界文化的整體性，以糾正反傳統努力的衰歇；同時又從超人超國的無政府主義中看到個人主義的影響仍在。這樣複雜的關聯現象，揭示出五四運動後「世界」也出現

【五十六】類似的新文化觀念深深印入當時一些讀書人的頭腦中，梁漱溟後來就説，中國過去士農工商皆開口天下閉口天下，其「心目中所有者，近則身家，遠則天下，此外便多半輕忽了」。（梁漱溟：《中國文化要義》，《梁漱溟全集》，第三卷，濟南：山東人民出版社，一九九〇，頁一六三）這樣與傳統「修齊治平」進程顯然抵牾的「五四」觀念反成了傳統，梁先生自稱其並非儒家，信然。

【五十七】蔡元培：《黑暗與光明的消長》（一九一八年十一月），《蔡元培全集》（三），頁二一八。

【五十八】傅斯年：《時代與曙光與危機》（約一九一九），台北中研院史語所藏「傅斯年檔案」。

【五十九】張君勱：《人生觀論戰之回顧》，《東方雜誌》三十一卷十三期（一九三四年七月一日），頁七。

【六十】從晚清開始，中國通過重新定位自身與世界的關係而「走向世界」這一進程呈現出由被動轉向主動的趨勢，參見羅志田：「走向世界：近代中國讀書人的自覺選擇」，「潘公凱先生畫展暨現代性，現代轉型與自覺」學術研討會論文，廣東美術館，二〇〇七年五月九日—十一日；Rebecca E. Karl, *Staging the World: Chinese Nationalism at the Turn of the Twentieth Century*, Durham, NC: Duke University Press, 2002, passim, particularly pp. 195-201.

了某種分裂：以前曾是近義詞甚或同義詞的社會主義和無政府主義，現在已變成一種對立的競爭關係了。【六十二】此後中國讀書人面向世界的傾向仍在延續，但世界主義和無政府主義逐漸淡出，而社會主義的吸引力和影響則長遠得多。

原刊《大連圖書館百年紀念學術論文集》（瀋陽萬卷出版公司，二〇〇七年十一月）

【六十二】無獨有偶，「民族主義」也出現類似的詭論性分裂和對立：那時與中共合作的國民黨正提倡民族主義，而青年黨則鼓吹國家主義，雙方雖有些學理上的歧異，從其西文來源看同是一個「主義」（即nationalism），但卻互為仇敵，都欲置對方於死地而後快。國民黨在與中共決裂之後相當一段時間，才逐漸走向與青年黨的合作。

歷史記憶與五四新文化運動

五四新文化運動應該說是廣受關注的題目，每逢五四學生運動周年之際，不僅媒體多有所反應，治史者也不免從反思角度回看「五四」。一般多以為蓋棺即可論定，但我們歷史記憶中的五四新文化運動是怎樣一回事，恐怕仍是言人人殊。【一】可以說，五四新文化運動不僅未到蓋棺論定的程度，甚至連許多基本史實都還沒有搞清楚。這樣說許多研究「五四」的學人可能會不同意，然而，有些我們認為是已論定的「史實」，當時的當事人或者便不這麼看（詳後）。使問題更趨複雜的是，重新詮釋五四新文化運動的嘗試也始終未間斷。

例如，試圖論證五四人不怎麼「反傳統」，是近二十年相當一部分史家（其中包括一些我非常尊重的學界前輩）的持續努力。較近的一個嘗試提出，「五四新文化運動不反儒，但是反對封建禮教」。【二】這個問題不是這裏可以簡單說得清楚的，但有一點或者值得我們思考，當新文化人反「禮教」時，他們心裏是否存在將此與「儒學」區別的意識？陳獨秀一則曰「舊文學、舊政治、舊倫理本是一家眷屬，固不得去此而取彼」；再則曰「新舊之間絕無調和兩存之餘地」；更明確宣佈：「要擁護那德先生，便不得不反對孔教、禮法、貞節、舊倫理、舊政治。要擁護那賽先生，便不得不反對舊藝術、舊宗教。要擁護德先生，又要擁護賽先生，便不得不反對國粹和舊文學」。【三】如果這樣全面的「反對」還不算「反傳統」，那究竟要什麼才可以叫做「反傳統」？

有時，五四新文化運動時的當事人記憶中的「運動」與我們史學言說中的「運動」也有些距離。許傑老先生在一九九三年回憶說，在「五四」後期，在歡迎德賽二先生之外，又提出歡迎「莫拉爾小姐」的口號。【四】我們知道「道德倫理革命」是新文化人的口頭禪之一，無疑是當時的關鍵詞。但「莫拉爾小姐」是否作為一個口號提出，則幾乎未見研

【一】關於歷史記憶中的「五四」，可參閱舒衡哲：《五四：民族記憶之鑒》，收入《五四運動與中國文化建設——五四運動七十周年學術討論會論文選》，北京：社會科學文獻出版社，一九八九，上冊，頁一四七—一七六。不過此文有太明顯的「啟蒙」與「政治」（救國）對立並競爭的傾向，實際上兩者在多大程度上對立、以及新文化運動的參與者的「啟蒙」心態有多麼強烈恐怕都還值得進一步探索。

【二】歐陽軍喜：《五四新文化運動與儒學：誤解及其他》，《歷史研究》一九九九年三期。

【三】陳獨秀：《複易宗夔》（按此函發表時原與胡適共同署名），《新青年》五卷四號（一九一八年十月），頁四三三；《憲法與孔教》，《新青年》二卷三號（一九一六年十一月），頁四（文頁）；《本志罪案之答辯書》，《新青年》六卷一期（一九一八年一月），頁一〇。

【四】許傑：《深化「五四」精神》，《文藝理論研究》一九九三年一期。

究。如果當時確曾提出，何以不用習慣的「先生」而改用「小姐」，是否意味着某種思想上的反動（非近年所謂「反革命」義）？尤其是否有意無意中感到了性別的重要性或女性在「五四」口號中的邊緣化？這是今日有了「性別」這一新思想武器的學者大有用武之地的領域，可惜五六年來，在許多人慨歎「五四」已無題可做之時，這樣的上好題目卻無人問津。【五】

人的記憶不一定準確，尤其許老先生是針對「在繁榮市場經濟的同時，也應將莫拉爾姑娘歡迎回來」這一新的時代問題而引出的回憶，有意無意中或許帶點「後見之明」的意味。如果確是如此，則時代需要怎樣「喚醒」歷史記憶，也非常值得研究。我特別感興趣的是，假如許先生回憶得不錯，則「莫小姐」何以在人們的記憶中被自然抹去？隨着「個人」這一五四時期的絕對關鍵詞逐漸疏離出時人思想言說的中心，整個「道德倫理革命」確實呈逐漸淡化的趨勢。這一淡化的進程，及其與「個人」淡出的關聯，包括後之研究者對此的不夠重視，都同樣值得深思，也有力地提示出五四新文化運動在我們歷史記憶中的斷裂。

一、五四新文化運動在歷史記憶中的斷裂

總體言之，雖然「五四精神」不斷被提及，我們歷史記憶中的五四新文化運動呈現出一種明顯的斷裂意味，這一運動與後之歷史發展的關聯，除了一些經特別選擇而得到反復強調的面相，仍然模糊。五四人最為關注的一些基本問題，在後來的五四研究中似有愈來愈虛懸而成偶像的趨勢。今人言及「五四」莫不提「德先生」和「賽先生」，但此後二位先生在中國的命運和歷程，便少見深入的研究。【六】換言之，五四人在後五四時期是否以及怎樣繼承或揚棄「五四」的基本概念？緊接「五四」那一代後五四人以及此後數代人怎

【五】作者補注：這個問題現在已有研究，參見魯萍：《「德先生」和「賽先生」之外的關懷——從「穆姑娘」的提出看新文化運動時期道德革命的走向》，《歷史研究》二〇〇六年一期。

【六】汪暉先生有一篇《賽先生在中國的命運》（《學人》第一輯），惜基本未及後五四時期。關於這方面的既存研究，參見羅志田：《從科學與人生觀之爭看後五四時期對五四觀念的反思》，《歷史研究》一九九九年三期。

樣因應五四時代的遺產？我們迄今也還沒有一個相對清晰並為一般人所大致接受的認知。

實際上，新文化運動兩個最基本的口號科學與民主在五四運動後各曾有過較大的爭論，即一九二三年的「科學與人生觀」之爭和北伐後的「人權論爭」及「九一八」後的「民主與獨裁」之爭。從思想史的角度看，這幾次爭論可以說是後五四時期中國思想界對「五四」基本理念的整體反思，而且這一反思基本是在尊西趨新派陣營中進行（較少受西方文化影響的真正「保守」派，或正脫除西方影響的章太炎等人，便幾乎不曾關注這些爭論），尤其後者更基本反映了同一批人在時代轉變後對原有基本理念的重新檢討，這些論爭本身近年已有不少研究，但迄今似少見從此角度進行的探討，較好而持平的相關論述尤少。

除個人、科學、民主（民治）幾個關鍵詞外，新文化人倡導的讀書與做官分流觀念，也可見根本的轉變。讀書人不議政不為官的主張在新文化運動初期非常普遍，但一九二二—一九二三年「好人政治」和「好人政府」觀念的提出（倡導者包括胡適與李大釗）則與此完全背道而馳，應是民初政治思想界的一大轉折。且好人政治畢竟還是精英取向的，到「好人政治」正式宣告失敗之後，「天下興亡，匹夫有責」這一傳統觀念可見明顯的復興（這對反傳統的五四人實具詭論意味），其範圍也遠更廣泛；對許多邊緣知識青年來說，天下要擔負在他們肩上恐怕是個非常直接的感覺。

就是「內除國賊、外抗強權」這一學生運動的口號，到北伐前也已轉化為「打倒列強除軍閥」；從原僅指章宗祥等的「國賊」變為整體的「軍閥」，可見明顯的擴大化。這一擴大其實意味着質變：前者尚承認既存政權，後者則基本否認。從「外抗強權」到「打倒列強」更是從量到質的轉變，比國內鬥爭目標的轉變更為激烈徹底。一九二三年的北京學生聯合會「五四紀念會」就很能體現上述轉變，大會主席韓覺民說：「從前我們運動的口號是『外保國權，內除國賊』。現在的政府，一天糟似一天，我們應有繼續的精神作政治的運動。」北大教授陳啟修接着演說，主張「我們現在運動的目的」對內是打倒軍閥、裁兵、否認現政府、否認現國會、擁護人權、教育獨立，對外則應該起來作國民自動的外交。他特別強調，「這種政治事業，在中國全靠學生來擔任」。【七】

另外，近年的研究表明，新文化人特別提倡的世界精神（世界主義）也在二十年代中

【七】《北京之五四紀念會》，《教育雜誌》十五卷五號（一九二三年五月二十日），台北：商務印書館一九七五年影印，頁二一六九三（原雜誌每期未統一編頁）。

期向民族主義轉化，胡適和周作人都是顯例。【八】這樣，除科學外，似乎大部分五四基本理念在後五四時期都有從量到質較大的轉化，甚至基本轉到對立的一面。即使科學，也曾受到強烈的挑戰。若認真作社會學的分析，恐怕「科學與人生觀」論爭中科學派也是勝在社會上而非觀念上，且其「勝利」也僅是象徵性的：八十年後強調「科教興國」的今天，「尊重知識」（這裏知識與科學的關係不言自明）仍是個雖不可及而心嚮往之的努力目標，最足說明問題。

為什麼這許多現象或基本未引起研究者的注意，或雖注意卻未將其與五四人和五四精神聯繫起來思考？這是否意味着研究眼光稍顯狹窄，不僅是只見樹木不見森林，根本是連前後左右的幾棵樹都不看？更值得培養史學研究者的大學教師們反省的是，我們在教書時是否有意無意中恰在灌輸或促成這種連旁邊的幾棵樹都不看的學風？一個最明顯的例子，即受馬克思主義影響的伍啟元在一九三四年出版的《中國新文化運動概觀》一書，幾乎未見近幾十年的中外研究者提及。該書是較早對新文化運動的系統研究，見解基本持平，出版初期其實頗有影響（兩年後陳端志的《五四運動之史的評價》就幾乎全本伍書），後來卻長期受到學界忽視，實在應引起我們的反思。【九】

伍啟元關於五四新文化運動的著作無形中被歷史記憶抹去，主要體現在史學研究之中，這是我們史家應該深刻「自我批評」的。同時，我們關於五四歷史記憶的模糊，也因「五四」後不少人有意無意在修訂關於「五四」的歷史記憶。在這方面，許多五四新文化運動的當事人因常常說其所屬的「家派」的話，雖大致是無意地但也影響了後人關於「五四」的記憶。而有些政治力量則更多是有意為之，如國民黨及一些與之相關的讀書人，就曾特別強化五四新文化運動與國民黨的關係，甚至說是國民黨領導了這一運動。

二、歷史的「再造」：修改五四歷史記憶的一次嘗試

一九四二年五月《世界學生》雜誌刊發的一組紀念「五四」的文章，就比較充分地體

【八】參見羅志田：《胡適世界主義思想中的民族主義關懷》，《近代史研究》一九九六年一期。按近代中國讀書人「面向世界」的傾向是長期持續的，在「五四」後的幾年中尤可見明顯的延續，但大約在「五卅」後則確實一度衰微。參見本書《漣漪重疊：「五四」前後面向世界傾向的延續》。

【九】參見羅志田：《歷史記憶中抹去的五四新文化研究》，收入其《二十世紀的中國思想與學術掠影》，廣州：廣東教育出版社，二〇〇一，頁三七八—三八五。

現了這一點。其中吳稚暉那篇《五四產生了兩位新先生》的文章意圖最為明顯，他不僅要說是孫中山領導了五四運動，且根本試圖重塑「德先生」和「賽先生」的概念。那時正是抗戰吃緊的時候，吳對中國傳統的態度已較前大為溫和，承認世界各大文明古國只有中國仍存，「它既有此特點，自必有其特長。大約就是能夠集大成，適應環境」。過去激烈反傳統的吳稚暉此時以為，商湯和孔子代表了中國國家民族的特點，即「中國的國家是日新又新的國家，中國的民族是集大成而為民族之時者」。【十】

在這樣的前提下，吳稚暉開始重塑「五四」的形象。他明確提出：「五四運動，是中山先生集了大成，豎起主義，學生起來，發動了一個嶄新的劃時代的文化運動。」他又界定其所謂「劃時代最適時的新文化」說：「文化是精神與物質，一物而兩面，兩面皆有成就，能脫離天然野蠻，進於人力文明之謂。新文化是適應時代、成就更進之謂。劃了時代最適時的文化，精神是使用賽先生幫助德先生，物質是請教德先生發達賽先生之謂。適應時代的新文化，變了主義，就是三民主義；若是籠統叫它文化，就是五四學生心目中的新德先生新賽先生。主義是三民新主義，文化是兩位新先生。」

吳氏進而從歷史淵源角度來論證「三民新主義」和「兩位新先生」的關係和內容：

自甲午到五四之先，大家覺悟中國文化，生了守舊的毛病，於是繁然雜亂的起來運動維新。精神物質，對立爭持。體用、西化、本位、全收，向新力大家都有，如何真正適時的綱領何在，一個也沒有定見，各快一時的義氣。惟有中山先生不慌不忙，搶住了兩位先生，改新了兩位先生，完成了他的三民主義，適宜了完成民國的時代。他擒住德先生，不讓它只是過去的德先生。不取傳統民主的財產選舉，也不取民死主義的暴民專制，不患貧而患不均，節制富民，豐足貧民，注重八德，行使四權，集了大成，希望成功一個嶄新的德先生。擒住賽先生，也不只是看重科學，且要迎頭趕上去。迎頭趕上去，就是接受已有的，還該更有進步的，必要勝過從前，集了大成，希望成功一個革新的賽先生。

吳稚暉也知道，他將五四學生運動與孫中山連結的立說太勉強，所以承認「五四之

【十】吳稚暉：《五四產生了兩位新先生》，《世界學生》一卷五期（一九四二年五月），頁二，以下吳稚暉語俱出此。

先，中山先生並不曾如是的明白吩咐學生，學生也不曾預先請教過他」。不過他給學生分配了一個社會角色，即「過去、現在及將來，永遠是承先啟後的中堅」。擒獲兩位先生大約等於「承先」，要成就兩位「新」先生，才是「啟後」。

「五四」之前，傾向於兩位「新先生」的空氣已「濃厚的瀰滿全國，如是的醞釀欲成。不惟學生，且有學者，且有教授，且有一切文化人，都隱隱有此說不出話不出的覺悟。到了五四，學生不知不覺，從愛國一點出發，在如火如荼的運動中，就在三民主義的帥纛旗前，扯起了兩種新先生的文化大旆。」這就是五四學生的「承先」，但「只是臨時覺悟，急起直追的承先」。故「兩面大旆，扯了二十餘年，一張方子開好了，沒有工夫配藥，更沒有現實服用」。

而五四學生的「啟後」，就是要「一心負起配藥的責任，達到服用的目的。如何注重八德，如何行使四權，如何節制富民，如何豐足貧民，要絞盡腦汁，拿起五四運動的精神來，造成新德先生；如何迎頭趕上，也絞盡腦汁，成就新賽先生」。

可以說，吳稚暉實際是對近代中國一段歷史做出了全新的再詮釋。他也不是全無所見，比如他注意到從晚清開始舉國一致的「向新力」這一點，便超出那些只見到近代新舊之間競爭一面的研究者。而其全文的一個核心概念也正是「新」。其中特別值得注意的是，他明確指出孫中山「改新了兩位先生」。在冠以「新」的頭銜後，德、賽二先生的概念與「五四」前後相比已有非常明顯的變化。

就賽先生而言，還只是態度的變化。以前吳稚暉最提倡物質層面的賽先生，而且基本是在「接受已有的」的方面着力；由於賽先生那明晰的西來身份認同，所謂「更有進步的，必要勝過從前」，大體就是從馮桂芬到孫中山都一直在強調的，即學西方的最終目的是要「駕而上之」。關鍵在於，這後面一部分的「勝過從前」，正是賽先生的「新」之所在，所以吳氏這一從學習到超越的態度轉變，也是帶根本性的轉變。

至於德先生，那簡直就是本質的變化。吳氏所定義的「嶄新的德先生」，的確是面目「煥然一新」，與其西方的原版幾乎沒有多少共同之處，反倒容易使人聯想到國民黨的「訓政」；而其關於節富足貧的觀念，明顯更接近西方的社會主義（但也增加了太多本土特色），實在不像新文化運動時一般譯為「民治」的德先生。

從國民黨方面看，更嚴重的是，孫中山的學說本身也被吳稚暉「改新」，而成為名副其實的「三民新主義」了。常規意義的德先生本是三民主義中「民權主義」的英譯，但吳氏的新定義則使之轉而更接近社會主義，這卻是「民生主義」的英譯；如果德先生一身而兼此二任，孫文學說豈不成了二民主義，顯非孫中山本意。

實際上，孫中山自己並未「改新了兩位先生」，倒是吳氏既「改新了兩位先生」，又「改新」了三民主義。吳稚暉本也承認，孫中山與五四學生運動之間確無實際的聯繫。因此，試圖「在三民主義的帥纛旗前扯起兩種新先生的文化大旆」的，正是吳氏自己。這樣一種整合性的願望和努力，卻因其隨意口吐真言式的新界定，使得五四學生和孫中山恐怕皆不識其為之奮鬥的事業，真是莫大的諷刺。

在同一期的《世界學生》雜誌上，專門研究「科學方法」的王星拱也寫了一篇《「五四」的回憶》，試圖配合吳稚暉連結國民黨與五四新文化運動的努力。不過王氏畢竟是教授，說話不能那麼隨便，他找不到孫中山與五四運動的直接關聯，卻發現國民黨人蔡元培可以大做文章。王氏以為，「辛亥革命雖告成功，然而國民黨的力量和意識始終沒有跨進北京城一步」。自從蔡元培「做了北京大學校長，於是有若干國民黨人，以及趨向於同情國民黨者，才能活動於這個污濁頹朽的圈子中的一個清明奮發的小圈子裏」。【十一】

他們對於北洋軍閥政府，處處都採取對敵和革命的態度。至於破除廣被朝野的迷信、詆毀剩餘不合時代性的禮制，都是向這一個目標進攻的連帶方法。風聲所樹，傳播極廣，所以五四運動發動之後，不出旬日之間，自北京而傳至全國，自學生而傳至各界，有如古人所謂接萬物者莫疾乎風，是誠為歷史上不曾多見之事例也。

雖然「就此一運動本身而言，蔡先生並沒有主持」，故「五四運動，從抽象的類別上講，是一種情感運動」；但「就具體的命名上講，是在北洋軍閥統治要區以內，由國民黨所導引的表現民族意識的愛國運動」。蔡元培一身兼國民黨元老和新文化運動的監護人，的確提示了國民黨與新文化運動的某種銜接。【十二】尤其是王氏指出一些國民黨人借蔡之力而進入北大，甚有所見，是既存研究所論不多的層面（不少人都是在區分思想運動與政治運動的基礎上論述蔡元培的「兼容並包」精神的）。

實際上蔡元培試圖「引進」的國民黨人還更多，他曾試圖請吳稚暉來任學監，作「學生之模範人物，以整飭學風」，並兼授言語學概論。吳不就。又想請汪精衛來主持國文類教科，希望汪能像普法戰爭後普魯士大學教授菲希脫（今多譯費希特）一樣「以真正之國

【十一】本段與下兩段，王星拱：《「五四」的回憶》，《世界學生》一卷五期，頁三。

【十二】參見羅志田：《南北新舊與北伐成功的再詮釋》，《新史學》五卷一期（一九九四年三月）。

粹，喚起青年之精神」。【十三】看來蔡元培對他的一些國民黨同人所知不深，像汪這樣有大志者，如何肯任大學教職。【十四】反之，恐怕正是許多像吳、汪一類的國民黨人未加入北大，才有北大後來的「自由派」氣象。

有意思的是，王星拱根本認為，包括蔡元培在內的北京國民黨人，其主要的革命「目標」是北洋軍閥，而破除迷信和詆毀禮制不過是「向這一個目標進攻的連帶方法」。這與一些北洋軍閥的觀念非常相似，直系軍閥李倬章在一九二四年便將蔡元培視為國民黨「南方」派來的細作，他說：「北大校長蔡元培與南方孫中山最為接近。知南方力量不足以抵抗北方，乃不惜用苦肉計，提倡新文化，改用白話文，藉以破壞北方歷來之優美天性……我們北方人，千萬不要上他的當。」【十五】從五四運動後不久，即有人說五四學生運動把本是思想運動的新文化運動引上了主要關懷政治的「歧途」，這個看法固然不無偏見；【十六】但若矯枉過正，將新文化運動視為「進攻北洋軍閥」這一政治目標的「連帶方法」，似乎也離五四人當時的觀念太遠。

身與五四學生運動的許德珩對此的看法便不同，他認為五四精神主要表現在「對於民族的信心和學術研究的興趣兩方面」；自五四運動認識了德、賽二先生，轉變了人們對於政治的態度和學術研究的風氣。「求學不忘救國」與「救國不忘求學」的兩句警語，不惟把舊時讀死書的書呆子從字紙簍裏拖出來，放到民族自救的熔爐裏去，體驗他們的學術，致用他們的學問；同時也使那班久假不歸的先生們有所

【十三】蔡元培致吳稚暉，一九一七年一月十八日；蔡元培致汪兆銘，一九一七年三月十五日，《蔡元培全集》，高平叔編，第三冊，北京：中華書局，一九八四，頁一〇一一一、二六。

【十四】按蔡元培對吳稚暉的認知則相對「準確」，然可能也因此而致使吳不應聘。蔡在前引致吳信中說，北大當時主要問題是「學課之凌雜」和「風紀之敗壞」，欲糾正之，前者需「延聘純粹之學問家」，後者則當「延聘學生之模範人物」。吳稚暉實未曾以學術為志業，且常出言戲謔，然對學問自視不低，此次既未被視為「學問家」，恐怕是很難應邀的。另一方面，也可看出蔡元培雖曾身與革命並主兼容並包，對學術分寸把握尚嚴。約三十年後中央研究院選第一屆院士，吳稚暉竟然當選人文組院士，名列第一，其資格是「思想家，著有《一個新信仰的宇宙觀與人生觀》等」（《中央研究院史初稿》，台北：中研院總辦事處秘書組編印，一九八八，頁二〇四）。一方面或因國民黨對學術的無形干預增強，但主要恐怕與時任北大校長的胡適「擁吳」相關。此時若中研院院長蔡元培仍在世，有學問然不夠「純粹」的吳氏能否當選甚至能否被提名，或尚存疑。兩任北大校長對「學術」認知的寬嚴異同，相當發人深省。

【十五】轉引自陳序經：《中國文化的出路》，上海：商務印書館，一九三四，頁一三六。

【十六】參見羅志田：《走向「政治解決」的「中國文藝復興」：五四前後思想運動與政治運動的關係》，《近代史研究》一九九六年四期。

警覺，知道擔負改造未來的新中國之重任的青年，是需要學問，需要努力於學問的。這是當日青年的自覺，因為有這種自覺，所以在當時，不維〔惟？〕各種學術的研究是在蓬勃的發展，就是各方面的事業，也都被青年們的覺悟，達到蓬勃的發展。【十七】

這就是說，五四人認為政治和學術是互相關聯而缺一不可的。這其實也不完全是認識了德、賽二先生之後的新知，很可能不過是政教相連而不分的中國政治傳統觀念的一種「現代表述」而已。【十八】但「讀書救國兩不誤」這一民國內外交困的特殊語境下出現的口號，雖有其時代的「正當性」【十九】，有時也會帶來一些意想不到的結果。

楊蔭杭在五四運動後兩三年間便觀察到：「他國學生出全力以求學問，尚恐不及。中國學生則紛心於政治，幾無一事不勞學生問津」。他認為，「學生之義務，在學成人才以救國」；若「終日不讀書，但指天劃地，作政客之生涯，則斯文掃地矣」。而當時的情形恰好是「學生自視極尊，謂可以不必學；且謂處此時世，亦無暇言學。於是教育與政治並為一談，而學生流為政客」。問題是，「若人人以為不必學，而學校改為政社，浸假而人人輕視學校，不敢令子弟入學」，則會造成「教育破產」，其慘「更甚於亡國」。【二十】「兩不誤」的取向可能導致「兩皆誤」，這大約是一些時人主張學術與政治分離的一個現實的考慮；但另外許多人確實以為可以做到「兩不誤」，也是事實。

或許是因為抗戰的原因，許德珩與吳稚暉、王星拱一樣，仍將五四運動歸結到執政的國民黨方面。他說：「五四」的時代已過去了，中國和世界都不是二十多年前的了。

> 當日大家要求「德先生」，不過只是一個提倡的口號；而國父孫中山先生奮鬥四十年的民權主義，現在已經成了全民族共同信奉的信條，是如何的有待於我們今日青年努力的實施。當日要求「賽先生」，也不過是一種提倡的口號；而二十多年以

【十七】許德珩：《「五四運動」的回憶與感念》，《世界學生》一卷五期，頁九—一〇。

【十八】參見羅志田：《中國文化體系之中的傳統中國政治統治》，《戰略與管理》一九九六年三期。

【十九】比如主張學生或者一心讀書，或者完全去幹政治的胡適在一九二一年也承認「在變態社會中，學生干政是不可免的」。參見羅志田：《再造文明的嘗試：胡適傳》，中華書局，二〇〇六，頁一八八。

【二十】楊蔭杭這些文字見《申報》一九二〇年十二月二十日、一九二一年九月二十九日、一九二三年二月三日、二月六日，均收入其《老圃遺文輯》，武漢：長江文藝出版社，一九九三，頁一六三、四二二、七一一、七一三。

來，中國各科學的進步，已經脫離了提倡的時代，達到自己研究、自己發明和創造的時代；並且孫先生的民生主義與實業計劃，是建設新中國之科學的結晶，有待於各種科學家去努力的發揚光大和正確的奉行。【二十一】

許德珩的論證思路與吳稚暉的比較接近，不過他尚知道德先生的對應者是民權主義，所以盡量把賽先生往民生主義方面靠。而且他無意改寫歷史，所以將五四運動與國民黨的關聯落實在時代已轉變的「現在」與將來。

另一位身與五四學生運動的羅家倫此時與國民黨的關係已非常密切，所以他也努力論證國民黨與「五四」的關聯。與吳稚暉和王星拱一樣，羅家倫也從歷史的角度尋找雙方的關係；與他們相反的是，他把國民革命看作學生運動的發展。羅氏主張：「五四運動是青年革命運動，也就是當年所謂學生救國運動。五四運動燒起了中國民族意識的烈焰，所以由青年革命運動擴大而為民族革命運動，就是現在一致努力的國民革命運動。」而五四運動與國民革命的傳承，就落實在「受過五四潮流震盪過的人，青年以及中年，紛紛投身於國民革命」。【二十二】

羅家倫並根據自身的經歷指出：孫中山「對於這個趨勢，是感覺最敏銳，而把握得最快的人。他對於參加五四的青年，是以充分注意而以最大的熱忱去吸收的。他在上海見北京學生代表，每次總談到三四點鐘而且愈談愈有精神，這是我親見親歷的事實。所以民國十三年中國國民黨改組前後，從五四運動裏吸收的幹部最多，造成國民革命一個新局勢。」

在民國二年後，國民黨因宋教仁被刺及其他主要領袖被迫流亡國外，一度與國內的政治文化主流疏離。在一九一五年因「二十一條」而起的全國性反日群眾運動期間，國民黨人在民族矛盾和國內政爭之間處於兩難境地，內部意見分歧，基本上置身事外。及至次年的護國之役，乃由進步黨唱了主角，國民黨只起到輔助的作用。【二十三】在新文化運動期間，國民黨大體上仍在運動之外。山田辰雄根本認為，孫中山對「五四」之前的新思潮並

【二十一】許德珩：《「五四運動」的回憶與感念》，《世界學生》一卷五期，頁一〇。

【二十二】本段與下段，羅家倫：《從近事看當年（為五四作）》，《世界學生》一卷六期（一九四二年六月），頁二。

【二十三】參見羅志田：《「二十一條」時期的反日運動與辛亥五四期間的社會思潮》，《新史學》三卷二期（一九九二年九月）。

不怎麼關注，只是在五四學生運動發生後，才因支持學生運動而認可新文化運動。【二十四】

呂芳上近年的研究表明，國民黨與新文化運動的關係，其密切程度遠超出過去的認知。若從民初社會廣義的新舊之分角度看，國民黨與新文化運動無疑都在新的一邊。但是廣義的認同並不能改變這一事實，即改組前的國民黨與新文化運動是有着許多重大思想歧異、基本社會組成也極不相同的兩個運動。正如呂芳上的書名「國民黨改組前對新思潮的回應」所提示的，國民黨人是在運動之外「回應」新文化運動的。【二十五】

比較《世界學生》雜誌上述諸説，同是論證國民黨與五四新文化運動的關聯，吳稚暉最為信口開河，可以説完全是根據黨派立場隨意「重寫歷史」；王星拱將此落實在蔡元培身上，稍更接近實際情況，但其所論仍非常勉強；有着親身經歷的羅家倫的論述最接近歷史真相，但他把國民革命視為五四青年運動的「擴大」，則又忽視了國民黨自身從同盟會以來的長期「革命」傳統（已執政的國民黨仍長期以「革命」為號召，相當能體現二十世紀中國的激進特徵）；而許德珩將兩者的關聯置於時代已轉變的現在和將來，處理得相當巧妙，不過他試圖將德、賽二先生和民權、民生二主義聯合起來的努力，卻不免牽強，仍透露出為當時的現實需要而進行「宣傳」的意圖。

應該説明的是，不論這些人當時的政治認同如何，他們的主要身份認同還是文化人，他們之所以特別要論證五四精神與國民黨及國民革命的關聯，也許有一個當下的隱衷，那就是當時中央政府電告各省市，以「五四」不是法定紀念日，令各地不要舉行紀念會。王芸生以為，「中央令勿紀念五四，當然是無取於學生干政之風」。【二十六】然而《世界學生》雜誌「覺得五四對於青年是值得紀念的一個日期，我們尤其感覺要繼續五四的精神，所以特地編印五四特輯」。【二十七】既然值得紀念，又不欲違背中央不舉行紀念會的意圖，「五四」還能紀念的當然就是「學生干政」之外的內容，特別是其「精神」。如果能論證五四精神與國民黨及國民革命的關聯，則這一紀念就更加具有正當性，至少政府或會承認此舉之「政治正確」性了（這只是未經證明的推測，仍不排除這一特輯是受國民黨某方面

【二十四】山田辰雄：《孫中山·五四運動·蘇聯》，收入廣東省孫中山研究會編《「孫中山與亞洲」國際學術研討會論文集》，廣州：中山大學出版社，一九九四，頁七二〇—七三八。
【二十五】呂芳上：《革命之再起——中國國民黨改組前對新思潮的回應（一九一四—一九二四）》，台北：中研院近史所，一九八九；並參見羅志田：《南北新舊與北伐成功的再詮釋》，《新史學》五卷一期，頁八九—九〇。
【二十六】王芸生：《五四精神與中國外交》，《世界學生》一卷五期，頁一一。
【二十七】《編後語》，《世界學生》一卷五期，頁一六。

的「指示」而出）。

國民黨內對五四新文化運動的觀念，顯然是不一致的。周策縱注意到，雖然蔣介石對五四學生運動曾大致肯定，他在一九四一年七月公開表述了對新文化運動的否定態度。【二十八】但前北大教授朱家驊的觀感似相反，朱氏自北伐起約有二十年頗得蔣介石信任，長期任職國民黨中央並主持三青團工作，他以為：

> 五四運動在中國歷史上是一種啟蒙運動，所以五四以後的青年運動，也染上了極其濃厚的啟蒙色彩。這種啟蒙色彩，最明顯的，就是一種反抗的態度，對於歷史、社會上的一切，都要反抗。貞操觀念、孝的道德固然反抗，就是支配人心社會時間最久、力量最大的儒家思想，也要打倒。青年的要求，是要把自己出身，從傳統中解放出來。【二十九】

這種反抗態度對「文化的進步」不無價值，然其作用主要在「推翻舊標準」的消極一面，在「建立新的標準」的積極方面，「並不能有什麼貢獻」。尤其「五四運動以後不久，青年運動的本身，又趨重於政治活動。當時的各種政治組織，都在『誰有青年，誰有將來』的觀念之下，要取得青年的信仰，來領導青年。於是青年運動，變作了政治運動的一部分，於是青年也變作了獲得政權的一種手段」。這不僅「不是青年運動正軌的發展，而且於青年本身是犧牲的，於國家民族也是有害的」。所以國民黨「自清黨以後，對這種現象竭力設法糾正」，抗戰後更「為積極訓練青年」而成立三青團，「最終證明了本黨的領導，始為正確的領導」，也就是「把青年看作『目的』，而不把青年當作『手段』」。

可知朱家驊對新文化運動雖有保留，多少還能肯定其「進步」作用；然而對此後走向政治的青年運動，卻認為對青年本身和對國家民族都有害，也許他還保留着一些主張學生

【二十八】參見周策縱：《五四運動：現代中國的思想革命》，周子平等譯，南京：江蘇人民出版社，一九九六，頁四七三—四七四。

【二十九】本段與下段，朱家驊：《三民主義青年團在中國青年運動中的意義與價值》（一九四二年七月一日）、《五四運動二十五周年紀念談話》（一九四四年五月四日），收入《朱家驊言論集》，王聿均、孫斌編，台北：中研院近史所，一九七七，頁三五六—三五七、三五九。按後者是某報「專訪」朱家驊的底稿，原題「五四運動第廿五周年紀念」，見台北中研院近史所藏「朱家驊檔案」，檔號一一一—（二）。後者基本意旨重複前者，然具體內容詳略不一，兩相參閱，更能全面了解其指謂。

以讀書為主的教授思維。無論如何，國民黨對「五四」的感覺相當複雜，既不甚欣賞，又不能放棄。對任何執政者來說，「學生干政之風」當然不宜鼓勵；但在「誰有青年，誰有將來」的時代，又有哪一支政治力量能夠忽視對青年的爭取或「領導」呢。

《世界學生》雜誌社的社長杭立武總結「五四特輯」各文內容說：「五四精神」就是「青年自覺和奮鬥的精神。自覺就是認識時代所賦予的責任，奮鬥是擔負責任所包含的工作。這精神應用到外交，就成國家民族獨立自由的要求；應用到內政，便成了民權主義的運動；應用到教育文化，便加強了新文化和學術科學化的潮流。」【三十】這樣的總結相當意味深長，既有重新「詮釋」五四精神使之與國民政府靠近的意思，也依稀可見試圖「證明」該刊紀念「五四」為「政治正確」的隱衷。

而文化、政治、學術在當時確實也是相互關聯的，許德珩和顧頡剛都以回憶為基礎討論了這一關聯，然而這兩位當時的北大學生所見卻不甚一致，無意中透露出其所屬的「家派」對於五四歷史記憶的差別。與上述諸人一樣，許德珩也從歷史發展的角度論證了五四運動的產生。他認為五四運動「不是倉促間一種烏合之眾的行動，而是經過了相當長時期準備的一個有組織有計劃的運動。說到它的起源，我們應當追溯到『五四』前一年春間留日學生的歸國與平津學生向政府請願運動」。【三十一】

一九一八年五月北京天津的學生已有一次反對中日密約的遊行，此後並產生了包括數個城市學生的機構「學生愛國會」，這些人「同時又組織了一個『國民雜誌社』，出版了一種半宣傳半學術的刊物，叫做《國民》雜誌」。這個刊物「單純從文化的意義來說，是不及當日的《新潮》、《新青年》之引人注意，因為它是注意於抗日的鼓吹，不專注重於文字的改革。在它裏面有白話文的作品，同時也有文言的作品；有古典派黃季剛先生的文章，同時也有改革派李守常先生的文章。可是若從學生運動和民族意識之表現來說，這刊物是當時南北各學校兩三百個青年學生自動結合的一種刊物，是發動『五四運動』一個有力的先鋒隊伍，『五四運動』有許多努力的人，多半是這個刊物裏面負責任的份子。」

另一位身與新文化運動的北大學生顧頡剛，因不在北京而未參加五四運動，同樣以回憶為基礎，對「五四」的詮釋就相當不同。顧氏認為，「要紀念五四，就不能不紀念五四

【三十】杭立武：《五四精神與青年今後努力之方向》，《世界學生》一卷五期（一九四二年五月），頁一三。

【三十一】本段與下段，許德珩：《「五四運動」的回憶與感念》，《世界學生》一卷五期，頁八。

時代的北京大學的文科」；「五四」前「北大文科學生有兩種刊物，主張復古的是《國故》，主張創新的是《新潮》，兩方面都本着自己的信仰作不客氣的辯論，這才是文學院的學生所應當有的勇氣和趣味。其後五四運動起來，新潮社的同人立刻成了這運動中的主力，盡了他們的指導新文化運動的責任。」[三十二]有意思的是，復古的《國故》尚被提及，而許德珩回憶裏最重要的刊物《國民》在這裏竟然沒有出現。

若不言刊物，僅就辦刊物的學生參與五四運動而言，兩人所述皆不誤，而彼此均不提及對方（許德珩雖略提及《新潮》，然僅限於單純「文化意義」的層面），這很能體現一些「五四」的當事人有意無意間常常站在其所屬的「家派」立場上立言，其本意或不在重塑歷史，卻影響了後人關於「五四」的歷史記憶。這樣的敍述當然也不僅僅是「家派」的影響，還牽涉到雙方對五四學生運動和新文化運動的理解。

三、五四學生運動與新文化運動

許德珩承認《新潮》在「文化」方面作用較大，但具體到學生運動，則《國民》的同人做得更多，這也大致與史實相符。實際上，五四學生運動與新文化運動的關係是個長期處於爭議之中的問題，羅家倫就認為兩者不是一回事，他說：「新文化運動的發動，早於五四，如《新青年》、《新潮》的出版，均早於五四二年或一年。五四運動很受新文化運動的影響，但是五四運動與新文化運動終究是兩回事。不過五四運動以後，新文化運動更加瀰漫。」具體言，「五四以來，一直到現在，公私的文告，都是有意識的用白話來寫，就可以知道他的影響。為民族意識的普及，這實在是一個最有效的力量。還有小學全部、和初中一部分的採用國語為課本，不知道減少多少幼年和青年的痛苦，也是一件不可忽略的事實。」【三十三】

這一「不可忽略的事實」還需要進一步的說明，國語運動發源於清季，到民國初年更受到政府（教育部）的提倡和鼓勵，本是朝野一致的努力。新文化人正是在國語運動「最興盛的時期」提出文學革命的口號，其始作俑者胡適後來對文學革命的總結，即是「文學的國語、國語的文學」。則「文學革命」與「國語運動」，至少在建設方面的目的是共同

【三十二】顧頡剛：《我對於五四運動的感想》，《世界學生》一卷五期，頁七。

【三十三】羅家倫：《從近事看當年（為五四作）》，《世界學生》一卷六期，頁三。

的。【三十四】胡適自己就注意到，北洋政府教育部從一九二〇年起就逐步下令在中小學使用國語。故新文化運動在推廣白話方面，不過是繼續了清季以來的國語運動，但卻自以為是在「革命」；而北洋政府對中小學課本的改革本是其注重國語的自然發展，恐怕也未必受到五四運動的影響。這樣一種因傳統中斷（不是全斷）而造成的歷史記憶的錯亂，還值得進行更加深入的研究。【三十五】

不過國民政府如果真在官方文告方面「有意識的用白話」（羅氏出語謹慎，有意識不等於已做到），倒確實有新文化人的努力。胡適在北伐基本獲勝時即致函已參與國民革命的羅家倫，希望他「趁此大改革的機會」，提議由政府規定公文都用國語。胡適說，「此事我等了十年，至今始有實行的希望。若今日的革命政府尚不能行此事，若羅志希尚不能提議此事，我就真要失望了」。【三十六】

羅家倫的《新潮》同事顧頡剛，則較能注意到五四運動承前的一面。他說，「五四運動誠然是一條劃時代的界線，然而五四以前的國民並不是沒有感到國家危機的迫切」。百年來因外患而起的「排外運動、立憲運動、革命運動……像狂飆、像怒潮，湧現了不可抵禦的人民力量，造成了政治上劃時代的辛亥革命。所以為了高徐順濟鐵路事件而起來的五四運動，原是繼續着前人反抗強權的步武，並沒有包含特殊的意義」。【三十七】

出：

在顧頡剛看來，五四運動的意義正在於使反抗強權的運動與文化建設聯繫起來，他指

五四運動究竟有它的特殊成就，那便是文化建設的奠基。在五四運動以前，反抗強權是一件事，文化建設又是一件事，兩者不生關係。大家只覺得別人以堅甲利兵來攻我，我們也只有用堅甲利兵去對付；可是在文化方面，我們自有歷代祖宗相傳的一套，不應該遷就別人，所以他們喊出了「中學為體，西學為用」的口號。但在五四以

【三十四】參見伍啟元：《中國新文化運動概觀》，現代書局，一九三四，頁二九—三〇。

【三十五】這方面的一點初步探索，參見羅志田：《〈山海經〉與近代中國史學》，《中國社會科學》二〇〇一年一期。

【三十六】胡適致羅家倫：《胡適來往書信選》，北京：中華書局，一九七九，上冊，頁五〇三。此信選輯的編者以為在一九二八年某時，但以內容看，恐怕在一九二七年，參見羅志田：《前恭後倨：胡適與北伐期間國民黨的「黨化政治」》，《近代史研究》一九九七年四期。

【三十七】本段與以下數段，均見顧頡剛：《我對於五四運動的感想》，《世界學生》一卷五期，頁四—五。

後，大家知道要反抗強權，這個基礎是要建築在文化上的，必須具有和列強大略相等的文化，無論是物質的和精神的，方可抵得住列強的侵略，於是激起了「創造新文化」的呼聲。

與羅家倫相類，顧頡剛注意到新文化運動先於五四運動，在他看來：

五四運動所以能配合文化運動，並不是參加運動的人都有這個明顯的目標，乃是文化運動比五四運動早了一二年，正當它順利推進的時候適有五四運動的發生。既有運動不能沒有宣傳，宣傳的工作以白話文為接近民眾的利器，而白話文運動乃是這個文化運動的核心。當五四運動在北京發動之後，各處罷市罷課，所有的大學生和中學生都成了這個運動的中堅份子，而這種中堅份子即是這一二年中涵泳於新起的白話文中的人。他們一發動，白話文就推進到每個城市和鄉村裏了。

白話文的簡易無約束，使「向不入文的各種社會情態以及個人情感都有了發洩和記載的機會。為了表示出社會的黑暗面，就此激起一般人改造社會的熱忱，五四運動即與文化運動結了不解之緣」。值得注意的是顧頡剛認為，「其後政治性的運動漸就平靖，大家忘記了；可是文化的運動卻日益發展，大家都感到改造文化即一切生活方式有迫切的需要」。

這裏有兩層重要的意思，第一，這次為《世界學生》雜誌的「五四特輯」撰稿的其他人，多少都要試圖說明國民黨與五四運動的關係；而按照顧頡剛的界定，只有五四運動承前那政治一面還可能與國民黨發生關係，若政治性的運動已淡化，則五四運動與國民黨的關係也就很難掛鉤了，這是顧頡剛所論非常與眾不同之處。第二，我們都知道胡適曾說五四運動是對新文化運動的「政治干擾」，後者因前者的干擾而「夭折」，則顧頡剛所見與胡適恰好相反。雖然許多人都未必完全贊同胡適此說，但其觀念對討論五四新文化運動者有明顯的影響。【三十八】

其實當年也有人持與顧頡剛相近的看法，早在一九二二年，有位叫鐵民的在給胡適的

【三十八】參見羅志田：《走向「政治解決」的「中國文藝復興」：五四前後思想運動與政治運動的關係》，《近代史研究》一九九六年四期。

信中已說，「新文化之胚胎雖在五四之前，而文化之進步確在五四之後」。【三十九】什麼可以算作「文化進步」固然有各種不同的標準，但正是五四學生運動擴大了新文化運動的影響，大概是不成問題的。陳獨秀在一九一八年初承認，《新青年》雖發行三年，尚不十分得意；該刊三年來「所說的都是極平常的話，社會上卻大驚小怪，八面非難。那舊人物是不用說了，就是活活叫的青年學生，也把《新青年》看作一種邪說、怪物，離經叛道的異端，非聖無法的叛逆」。【四十】連「青年學生」都還不曾普遍接受《新青年》，說新文化運動在那時至少未成主流大致可立。

周作人在一九四九年也認為，雖然胡適「力說五四的精神是文學革命，不幸轉化而成為政治運動，但由我們旁觀者看去，五四從頭至尾，是一個政治運動；而前頭的一段文學革命，後頭的一段新文化運動，乃是焊接上去的」。【四十一】周氏的看法與顧頡剛的不甚相同，但卻明確將新文化運動置於五四運動之後，這恐怕和他哥哥魯迅根本不認同「新文化運動」這一稱謂相關。

魯迅以為，「新文化運動」這一名目本是《新青年》的反對者製造出來的。他先在《熱風．題記》（作於一九二五年十一月）裏說，五四運動後，革新運動表面上有些成就，於是主張革新的人也漸多，這裏面「有許多還就是先識笑、嘲罵《新青年》的人們，但他們卻是另起了一個冠冕堂皇的名目：新文化運動。這也就是後來又將這名目反套在《新青年》身上，而又加以嘲罵譏笑的」。一年後他又在《寫在〈墳〉後面》說：「記得初提倡白話的時候，是得到各方面劇烈的攻擊的。後來白話漸漸通行了，勢不可遏，有些人便一轉而引為自己之功，美其名曰『新文化運動』。」【四十二】應該說，「新文化運動」這一名目的確是後出的，然包括胡適在內的許多當事人尚能接受，而周氏兄弟對此的認知與當時許多人不甚相同，還可進一步探討。

無論如何，從胡適和周氏兄弟到羅家倫、顧頡剛等師生兩輩人，均認為五四學生運動與新文化運動雖密切關聯，卻終屬兩回事。其實兩者間一向有相當的距離，而且不僅是一

【三十九】鐵民致胡適，一九二二年二月十七日，《胡適來往書信選》，上冊，頁一四一。

【四十】陳獨秀：《本志罪案之答辯書》，《新青年》六卷一期（一九一八年一月），頁一〇。

【四十一】本段與下段均見周作人：《知堂集外文·四九年以後》，長沙：岳麓書社，一九八八，頁二七。

【四十二】《魯迅全集》，北京：人民文學出版社，一九八一，卷一，頁二九二、二八五。這一點承劉桂生先生提示。

般所關注的政治傾向與文化傾向的歧異。

我們都知道，五四青年火燒趙家樓，是因為巴黎和會關於中國山東的決定再次提醒了中國人帝國主義威脅的存在，幾乎沒有人否定學生運動具有強烈的民族主義意味；我們也都知道，陳獨秀有一句常為人引用的口號：中國要實行民治主義，應當「拿英美作榜樣」。這兩種傾向顯然有所衝突，尤其很少有人注意到，陳獨秀喊出這一口號是在五四學生運動爆發之後數月的事（他在同時還發表了不少歌頌杜威和實驗主義的言論）。在新文化運動中以激進著稱的陳獨秀此時偏於溫和穩健的態度，提示着新文化運動與五四學生運動的明顯距離。【四十三】

引證這些關於新文化運動和五四運動的歧異觀念，不是要想重新界定這究竟是一個運動還是兩個運動。借用羅家倫的話，我們的時代已不是五四人所處的時代，所以我並不反對廣義地用「五四運動」或「新文化運動」來稱謂一九一七到一九二三年間（甚或前後再延伸一二年）這個由數次小「運動」構成的大「運動」。研究者在臨文時只需稍作界定，便不致引起誤解。但這麼多五四新文化運動的當事人或同時代人，在五四運動後不久即有如此紛紜的看法，過去似未引起足夠的注意，說明我們關於此事的研究還很不深入；而他們分歧的核心究竟何在，恐怕是今後的研究者仍須努力之處。

李大釗在五四學生運動兩周年時曾說：他希望「從今以後，每年在這一天舉行紀念的時候，都加上些新意義」。【四十四】他的本意是當然希望五四精神能夠隨時代的前進而發展，這且不論，但此語卻提示了從史學角度考察「五四」的一個取向。從一九一九年以後，每年五月四日差不多都會有一些關於「五四」的紀念文字發表，而我們關於「五四」的歷史記憶也果然隨時代的前進而變化，不斷「加上些新意義」；雖然一些面相因不斷「再生」而得到加強，同時也有一些面相被淡忘；但不論具體內容是增是減，「五四」的「意義」本身同樣被「更新」了。

前引《世界學生》五四特輯各文有一個共同特點，即作者都有意識地從歷史的角度考察和論證問題，可知從嚴復引入的進化論到胡適提倡的「歷史的觀念」，已經深入時人之

【四十三】陳獨秀不久即跟上了學生，開始攻擊「杜威」在那時的同義詞「威爾遜」，並最後選擇了列寧指出的方向。參見羅志田：《西方的分裂：國際風雲與五四前後中國思想的演變》，《中國社會科學》一九九九年三期。

【四十四】李大釗：《中國學生界的「May Day」》（一九二一），《李大釗選集》，北京：人民出版社，一九五九，頁三五八。

心。這次特輯的作者基本是五四新文化運動的當事人，且多數文章是建立在回憶的基礎之上，然而他們自己的見解又有這樣多的歧異；又可見回憶也可能是「詮釋」，這些歷史的創造者或有意或無意，其實已對歷史進行了「再創造」。

以當事人的言說為依據來研究五四新文化運動，本應是最為「正當」的方法；這些言說本身可以說都是第一手的材料，尤其許德珩和顧頡剛的回憶不是可以通過簡單的辨別真偽來決定取捨的。這就提示我們，史家需要考察歷史資料在何種情形下因何目的並經何途徑怎樣留存下來，以及這樣留存下來的材料在多大程度上能使後人了解或認識到歷史事物的「真實」發生發展過程。不論「五四」的客觀存在或歷史「真相」如何，當其被經由某種程序（而不是其他可能的程序）記錄下來後，即使「第一手」的史料也的確可能帶有「偏見」。正是這類帶有「偏見」的歧異史料，通過（嚴肅而非輕率的）學術研究無形中影響了、而且一直在影響我們對五四運動的歷史記憶，最應引起我們的反思。

本文只是一篇小劄記，無意深入全面地探討關於「五四」的歷史記憶問題，僅略記國民黨這一政治力量有意識地修訂關於「五四」的歷史記憶的一次嘗試。【四十五】實際上國民黨這一做法延續了相當長的時間，胡適晚年定居台北時，仍注意到當地人言及「五四」的這一偏向，曾表示「此間人家寫的五四運動的文章，我連看都不要看，他們只有黨派的立

場，決沒有客觀的判斷」。【四十六】

而國民黨的做法也影響到其他方面，西方的民國史研究中便可見明顯的國民黨觀念（當然基本不是有意為之）。【四十七】黎澍曾總結二十世紀五十年代以來中國內地中國近代史研究的四個缺點，其中之一恰是追隨「國民黨觀點」，表現為「不充分地研究材料，人云亦云；國民黨反對立憲派，也跟着反對立憲派；以領袖劃線，以黨派劃線，不從歷史實際出發」。【四十八】這一傾向在關於五四運動的論述中也隱約可見，文化大革命期間講到

【四十五】不論這次《世界學生》的文章是受國民黨「指示」而做還是為了能使國民黨接受對「五四」的紀念而做，都屬於根據「當時需要」修改歷史記憶的舉措，且除顧頡剛外實際上或多或少皆站在國民黨立場上立言。

【四十六】胡頌平編：《胡適之先生晚年談話錄》，北京：中國友誼出版公司，一九九三，頁二六〇。

【四十七】參見羅志田：《民國史研究的倒放電影傾向》，《社會科學研究》一九九九年四期。

【四十八】引自耿雲志：《回憶黎澍同志》，收入黎澍紀念文集編輯組編《黎澍十年祭》，北京：中國社會科學出版社，一九九八，頁二九四。

五四運動，通常提及的領袖人物只有李大釗和魯迅，連中共創始人陳獨秀也幾乎不曾出現，像胡適和魯迅的弟弟周作人等更是完全不提。這當然不是直接追隨「國民黨觀點」，但與幾十年前國民黨試圖修改歷史記憶的取向則大致相類。人云亦云式的觀點追隨，還比較容易發現糾正；倒是無意識的取向追隨，則因其隱晦而往往不易覺察。黎澍先生的睿見還值得我們深思。

原刊《四川大學學報》二〇〇〇年五期

從新文化運動到北伐的文化與政治

聞一多在一九二三年曾說出一段很像狄更斯《雙城記》裏的話：「二十世紀是個悲哀與奮興底世紀。二十世紀是黑暗的世界，但這黑暗是先導黎明的黑暗。二十世紀是死的世界，但這死是預言更生的死。這樣便是二十世紀，尤其是二十世紀底中國。」【一】對身處中國的讀書人來說，二十世紀是一個充滿矛盾和緊張的時代，許多人正是在各式各樣的希望和失望伴隨下蹣跚前行，與時俱往；還有人帶着類似的經驗走過了那一世紀，又走進了新的世紀。

在二十世紀之中，從新文化運動到北伐的十餘年，又是一個激變的時代，那時的世局幾乎可以說是年年翻新，一年一個樣。其間的五四學生運動確有些像是一個分水嶺，將此前和此後的時代潮流大致區隔。時在中國的杜威描述進行中的五四運動說：「我們正目睹一個民族／國家的誕生（the birth of a nation），而出生總是艱難的。」【二】

這大概是那時比較「親中國」的在華外人的共識，據當年美國駐華公使芮恩施的回憶，法國公使在五四運動之後即說，「我們正面臨着一種前所未有的、最令人驚異的重要現象，即中國為積極行動而形成了一種全國性的輿論」。芮恩施自己也認為，「中國人民從巴黎決議的不幸中產生出一種令人鼓舞的民族覺醒，為了共同的思想和共同的行動而結合成一個整體」。【三】他們的言論中隱含着中國此前尚非一個「民族／國家」的意思，這且不論；但這些觀察者都看出中國正在發生一個帶根本性的變化，卻大致不差。

在差不多同時，北大學生傅斯年遠不如這些外國人那麼樂觀，在他看來，中國當時不僅有嚴重的城鄉疏離，且「大城市的一般社會」也以「互不接觸」為特徵；「職業一有不同，生活上便生差異，思想上必不齊一。在一個大城裏，異樣的社會，很少社交的關係。至於聯合起來，而營社會的共同生活，造出一個團結的組織，又就着這組織活動去，更是談不到的」。但傅斯年也從五四運動看到了希望，斷言「從五月四日以後，中國算有了『社會』了」。【四】

【一】聞一多：《〈女神〉之時代精神》（一九二三年六月），《聞一多全集》（二），武漢：湖北人民出版社，一九九三，頁一一四——一一五。

【二】"John Dewey from Peking," June 1, 1919, in John Dewey and Alice C. Dewey, *Letters from China and Japan*, ed. by Evelyn Dewey, New York, 1920, p. 209.

【三】Paul S. Reinsch, *An American Diplomat in China*, Garden City, N.Y.: Doubleday, 1922, p. 373. 徐中約顯然同意杜威等的看法，他以為五四運動標誌着作為一種「新力量」的民族主義在中國的「出現」。Immanuel C.Y. Hsu, *The Rise of Modern China*, 2nd ed., New York: Oxford University Press, 1975, p. 605.

【四】傅斯年：《時代與曙光與危機》（約一九一九），台北：中研院史語所藏「傅斯年檔案」。

基本上，「五四」後出現一個具有詭論意味的現象：一方面很多人因為對政府甚至政治的整體失望，而如梁啟超所說「覺得社會文化是整套的，要拿舊心理運用新制度，決計不可能，漸漸要求全人格的覺悟」，進而探索「文化」方面的深層變革；【五】另一方面，學生運動又使前此大受青睞的「個人」開始淡出，思想和行動都轉而朝着強調群體的方向發展，不少知識精英關注的重心開始由文化向政治轉移，並在新的意義上「再發現」了坐而言不如起而行的舊説。【六】

這其間一個顯著傾向是「社會」的改造一度大受關注，梁啟超總結的近代士人「覺悟」由器物到政制再到文化的階段性演變常為人引用，【七】而傅斯年則認為「社會」是文化之後更進一步的發展階段。他在一九一九年說：「中國人從發明世界以後，這覺悟是一串的：第一層是國力的覺悟；第二層是政治的覺悟；現在是文化的覺悟，將來是社會的覺悟。」【八】傅先生心目中的「社會」有其特定的含義，【九】在這四層遞進演變中，前兩層和後兩層又相對接近，多少體現出梁啟超所說的「社會文化是整套的」，也分享着一些時人對政治的排拒。

傅斯年明言：「凡相信改造是自上而下的，就是以政治的力量改社會，都不免有幾分專制的臭味；凡相信改造是自下而上的，就是以社會的培養促進政治，才算有徹底的覺悟了。」可知其所認知的「政治」與「社會」有着上下的對應關係，且隱約可見今人喜歡掛在口上的「國家」之身影。【十】鄭振鐸等人那時組織了一個「社會實進會」，要「向着德莫克拉西一方面以改造中國的舊社會」。他們也強調其「改造的方法是向下的」，要「把

【五】梁啟超：《五十年中國進化概論》（一九二三年二月），《飲冰室合集．文集之三十九》，北京：中華書局，一九八九年影印，頁四五。

【六】馮友蘭當時區分新學生與舊學生的標準頗能體現這類傾向，他認為「新學生之生活為群眾的，舊學生之生活為單獨的」；且「新學生注重實際，舊學生注重空談」。馮友蘭：《新學生與舊學生》（一九一八年九月），《三松堂全集》，鄭州：河南人民出版社，一九九四，卷十三，頁六二一—六六二。並參見羅志田：《走向「行動的時代」：「問題與主義」爭論後的一個傾向》，《社會科學戰線》二〇〇五年一期。

【七】參見梁啟超：《五十年中國進化概論》，《飲冰室合集．文集之三十九》，頁四三—四五。

【八】本段與下段，傅斯年：《時代與曙光與危機》（約一九一九）。

【九】參見王汎森：《傅斯年早期的「造社會」論》，《中國文化》第十四期（一九九六年十二月）。

【十】在某種程度上或可以說，前人之「國家」觀較嚴，梁啟超在清季便曾試圖區分朝廷與國家，而民初人也常欲區分政府與國家；而今人則放得甚寬，鄉村中包攬稅收者頗近往昔之夫役，也多被視為「國家」的代表。

大多數中下級的平民的生活、思想、習俗改造起來」。【十一】

「德莫克拉西」一語點出了這類「自下而上」變革觀的西來淵源，此實濫觴於清季。熊十力後來回憶說，他少時讀嚴復所譯《群學肄言》，曾引發「一個重大的感想」，即「感覺中西政治思想根本不同」：中國自古以來「論治，通同是主張『自上而下』的」；而《群學肄言》表現的「西人言治，是『自下而上』的」。他當初「極端贊成西洋的思想」，所以曾參與革命。辛亥後發現革命黨「新官僚氣味重得駭人」，比袁世凱也強不了多少；「一時輿論都感覺革命只是換招牌」，於是退而獨善其身。到「九一八」之後，眼看「一天大亂一天，極於今而有亡國滅種之懼」，終「感到中國自上而下的主張確有其不可顛撲的真理」。【十二】

這樣的「後見之明」不一定為多數人所分享，但類似的反省心態可能是「九一八」之後相當一些尊西趨新的知識精英開始鼓吹「獨裁」的心理基礎，與稍後的「全盤西化」和「中國本位文化」一類爭論大致同屬一個「時代」，那是後話了。至少在「五四」到北伐期間，「自下而上」的社會變革觀還是更佔上風。不過，對相當一些人而言，「社會改造」之所以受到青睞或許恰因「社會」帶有調和或綜合政治和文化兩趨向的意味，它既不那麼政治化，又比文化和思想更具體實在，同時還常能包容個人與群體兩方面。【十三】

胡適後來說，中國現代思想的分期約以一九二三年為界分成兩段，前一段多「側重個人的解放」，後一段則屬於反個人主義的「集團主義時期」。【十四】若仔細考察，重群體的傾向在「五四」當年已開始興起，或可將一九一九—一九二五年間看作兩種傾向並存而競爭的時期，即瞿秋白所說的「新文化思想」與鼓吹社會主義、研究勞動社會問題兩造的「混流並進」；【十五】雖然是並存並進，畢竟「集體」漸佔上風，到「五卅」後，「個人」

【十一】鄭振鐸：《〈新社會〉發刊詞》（一九一九年十一月），《鄭振鐸文集》，卷四，北京：人民文學出版社，一九八五，頁三—四。

【十二】熊十力：《英雄造時勢》，《獨立評論》第一〇四號（一九三四年六月十日），頁一一。

【十三】時人的相關思考可參見吳康：《從思想改造到社會改造》（一九二一年一月），《新潮》三卷一號（一九二一年十月），上海：上海書店一九八六年影印本，頁二五—五二。

【十四】《胡適日記全編》（以下簡作《胡適日記》），一九三三年十二月二十二日，曹伯言整理，合肥：安徽教育出版社，二〇〇一，第六冊，頁二五六—二五七。

【十五】瞿秋白：《國民革命運動中之階級分化——國民黨右派與國家主義派之分析》（一九二六年一月），《瞿秋白文集（政治理論編）》，卷三，北京：人民出版社，一九八九，頁四六〇。

基本喪失競爭力，終不得不讓位於「集團主義」。【十六】北伐的突飛猛進，多少也借此思想的東風。【十七】

在個人與集體混流並進的同時，側重文化和政治的兩種傾向也在衝突競爭中互動。老革命黨張繼在「五四」前夕給《新潮》雜誌寫信說，民國代清後，「中國的國門，只換了一塊招牌，思想風俗一切全沒有改」。依據「一個時代有一個時代的文章」的見解，中國政體雖變，「戲劇文學仍照滿清帝政時代的樣子」，可知其「思想仍是歷史傳來的家庭個人主義」；而「風俗如婚宴喪祭，與非洲的土人相去不遠」。這樣的思想風俗難以產出「共和政治」，故他認為，《新潮》諸君「主張廣義的文學革命，即是思想革命，真是救中國的根本方法」；只要得着「多數有知識的人贊成，我們這個民國的招牌可望保的住」。【十八】

《新潮》社的羅家倫在「五四」後幾個月覆信說，他「極力贊同」張繼的見解，並「認定中國現在政治社會的不良，就是人民的思想不曾變換」。他以為，袁世凱等也是「中國的社會害他們的」；若其生在美國，而「中國的人民有美國的人民那種覺悟」，或不敢有做皇帝的夢。如果「大家的思想不從速受過一番革命的洗禮，則正如先生所謂，『民國的招牌』是保不穩的」。羅家倫申論張繼的見解說：「文學革命不過是我們的工

具，思想革命乃是我們的目的。」【十九】

類似見解那時為不少人分享，新文化運動之外的梁濟和徐世昌都表示過類似的主張。希望以殉清而警醒世人的梁濟提出「救亡之策，必以正心為先」；總統徐世昌也認為，對不良政治的「箴救之道，首在轉移風氣，使國中聰明才智之士，從事於社會經濟實業教育，以挽此政爭狂熱之潮流」。兩人的思慮相通，他們都同意政治上治亂的源頭在思想社會，也當從思想社會着手解決。【二十】

【十六】參見魯萍：《「德先生」和「賽先生」之外的關懷——從「穆姑娘」的提出看新文化運動時期道德革命的走向》，《歷史研究》二〇〇六年一期。

【十七】關於北伐，可參閱羅志田：《南北新舊與北伐成功的再詮釋》，《新史學》五卷一期（一九九四年三月）。

【十八】張繼：「致《新潮》雜誌」，一九一九年四月二十九日，《新潮》，二卷二號（一九一九年十二月），頁三六六。

【十九】羅家倫：「覆張繼」，一九一九年十一月八日，《新潮》，二卷二號（一九一九年十二月），頁三六六—三六七。

【二十】參見羅志田：《六個月樂觀的幻滅：「五四」前夕的士人心態與政治》，《歷史研究》二〇〇六年四期。

這也是羅家倫那段時間的一貫思想，他特別強調，「思想不革命，行為是不能革命的」；為保持行為的革命性，更需要思想方面的努力。蓋「『五四』『六三』的結果，只是把全國的人弄『動』了」。由於「動的影響」，群眾運動的主體「群眾」本身已感覺到「知識的饑荒」，要「趕快接濟他們知識的糧草」。重要的是，「中國的存亡」可能「正在這一『動』」，如果知識的糧草「接濟得好，這一動就成了永久的活動；接濟得不好，這一動就成了暫時的衝動」。【二十一】

羅氏對五四運動帶來的轉折有切身感受：「五四以前，我們受了多少壓迫，經了多少苦戰，僅得保持不敗，已經覺得是很危險的；五四以後，形勢大變，只聽得這處也談新思潮，那處也談新思潮，這處也看見新出版品，那處也看見新出版品。」不過，「對於這種蓬蓬勃勃的氣象」不能太樂觀，中國在世界學術界的「失語」現象是明顯的。故「中國的社會固然是毀壞學者」，那種「忽而暴徒化，忽而策士化」的學生運動，「也是同一樣的毀壞學者」。學生們應據性之所近有所「分工」，一些人不妨繼續街頭行動，另一些人則可轉而側重於「文化運動」。【二十二】

這樣，在傅斯年、羅家倫等學生輩則選擇了出國留學之路的同時，一些老師輩反逐漸關注政治，胡適就是其中之一。對這兩種傾向，都有時人感到失望：楊鴻烈對那些「了解文化運動真意義的人大多數出外留學，這樣就丟下了他們未竟的工作」很為不滿；【二十三】孫伏園則認為，「文化比政治尤其重要，從大多數沒有知識的人，決不能產生什麼好政治」。他強調，「胡適之」三字的可貴，「全在先生的革新方法能在思想方面下手，與從前許多革新家不同」，並希望把「已被政治史奪去了的」胡適「替文化史爭回來」。【二十四】

從新文化運動初期讀書人不議政不為官的普遍主張，到一九二二—一九二三年「好人政治」和「好人政府」觀念的提出，是民初思想界的一大轉折；兩者幾乎完全背道而馳，而胡適等知識精英兩次都是倡導和參與者。對胡適而言，除了社會政治大背景的轉變，也有一些個人的推動因素。在一九二一年夏秋，從他的老師杜威（John Dewey）到美

【二十一】羅家倫致張東蓀，一九一九年九月三十日，《時事新報》，一九一九年十月四日，三張四版。按原信未署年月，此據報紙時間及信中說「現在大學已開學」推斷。

【二十二】羅家倫：《一年來我們學生運動底成功失敗和將來應取的方針》（一九二〇年五月一日），《新潮》二卷四號（一九二〇年五月），頁八五八—八六一。

【二十三】楊鴻烈：《為新青年社的老同志進一解》，《晨報副刊》一九二四年二月四日，一版。

【二十四】孫函收入胡適：《我的歧路》（一九二二年六月），《胡適文集》（以下徑引書名），歐陽哲生編，北京：北京大學出版社，一九九八，第三冊，頁三六一—三六二。

國名記者索克思（George E. Sokolsky），以及訪華的美國社會學會會長狄雷（James Q. Dealey），都共同責備中國讀書人沒有盡到知識份子應盡的「社會良心」之責，終使胡適產生了同感。所以，針對孫伏園的質疑，胡適解之以「沒有不在政治史上發生影響的文化」，也不應「把政治劃出文化之外」。【二十五】

但精英取向的「好人政治」不久即宣告失敗，此後「天下興亡，匹夫有責」這一傳統觀念可見明顯的復興（這對反傳統的五四人實具諷刺意味）。對許多邊緣知識青年來說，天下要擔負在他們肩上是個非常直接的感覺。不僅學生輩的王光祈宣佈：「世界的新潮流已經崩山倒海的來了，要想適應這新潮流，自然是全靠我們青年。」【二十六】老師輩的北大教授陳啟修在一九二三年北京學生聯合會的「五四紀念會」上演說，也主張打倒軍閥和國民外交「這種政治事業，在中國全靠學生來擔任」。【二十七】

到五卅運動之後，此前處於競爭中的各傾向基本有了結果：群體壓倒了個人，政治壓倒了文化，行動壓倒了言論，可以說開啟了一個新的時代。西來的「到民間去」的口號，在「五四」前後已開始在中國傳播，此時有了更明確而直接的意蘊；國共兩黨的工農運動以及「村治」派的出現，也都可視為這一大趨勢的不同側面。更直接的政治變動，當然是國民黨領導的北伐戰爭。所以，國民革命不僅有其自同盟會以來的內在思想理路，也呼應着民初思想社會的演變。

在前引聞一多的文章中，他也說到「二十世紀是個動的世紀」。【二十八】二十多年後，朱自清描述當時的社會說：「這是一個動亂時代。一切都在搖盪不定之中，一切都在隨時變化之中。」【二十九】這話大體適用於從新文化運動到北伐這一激變時代，不過兩個時段還是有着較大的差異：在連年征戰之後的四十年代後半段，「動亂」確已深入老百姓社會生活的基層；而在北伐特別是第二次直奉戰爭之前，因為長期沒有較大規模的戰爭發生，「搖盪不定」的特徵更多體現在相對上層的思想文化和政治，那時讀書人眼中的「民不聊生」，其實頗具構建的成分（詳另文）。

【二十五】《胡適日記》，一九二一年六月三十日、六月二十五日，第三冊，頁三四六、三三四；胡適：《我的歧路》，《胡適文集》，第三冊，頁三六六。

【二十六】若愚：《學生與勞動（四）》，《晨報》，一九一九年二月二十八日，七版。

【二十七】《北京之五四紀念會》，《教育雜誌》十五卷五號（一九二三年五月二十日），台北：商務印書館一九七五年影印，頁二一六九三（原雜誌每期未統一編頁）。

【二十八】聞一多：《〈女神〉之時代精神》，《聞一多全集》（二），頁一一〇。

【二十九】朱自清：《動亂時代》（一九四六年七月），《朱自清全集》（三），朱喬森編，南京：江蘇教育出版社，一九九六，頁一一五。

然而即使對這樣的「動亂」，讀書人的反應也很主動。聞一多便說：「二十世紀是個反抗的世紀。『自由』底伸張給了我們一個對待威權的利器，因此革命流血成了現代文明底一個特色了。」【三十】聞先生說這話是在一九二三年，以今日的後見之明看，真正厲害的「革命流血」還沒開始，他的表述或更多是「預言」而已。不過，因嚮往自由而反抗威權乃是當時讀書人的基本心態，儘管他們認知中的「自由」和「威權」都不免帶有幾分想像的色彩。而一步步走向「革命流血」也的確是北伐前的時代特徵。

從新文化運動到北伐這一時段裏各種思想觀念、行為取向和政治勢力之間的競爭，既包括文化和政治領域裏的權勢和控制之爭，也涵蓋士人為尋求中國出路和解決中國問題的上下求索。這些因素在競爭中的相互作用，特別是文化與政治的關聯互動程度，遠超過我們已有的認識，還應結合起來進一步考察分析。

自清季中國新史學提倡「民史」以來，以「君史」為表徵的政治史至少在意識層面曾被拒斥。梁啟超在一九二二年提出，當時中學國史教科書的主要缺點，是其內容「全屬政治史性質」，而將「社會及文化事項」視為附庸。其實，不僅「政治史不能賅歷史之全部」，根本是「舊式的政治史專注重朝代興亡及戰爭，並政治趨勢之變遷亦不能說明」。他明確提出「以文化史代政治史」的建議，擬將全部中國史縱斷為六部，即年代、地理、

民族、政治、社會及經濟、文化。其中後兩部的篇幅佔全書之半，而政治僅佔約六分之一。【三十一】

這裏的「文化」本身兼有廣狹兩義，狹義的文化即作為六部類之一但又佔據較多篇幅的文化史；但還有一種廣義的文化是包括政治的。後者是一些時人的共識，胡適在大約同時也提出一種「專史式的」整理國故方式，主張「國學的使命是要使大家懂得中國的過去的文化史，國學的方法是要用歷史的眼光來整理一切過去文化的歷史，國學的目的是要做成中國文化史」。他進而將系統的「中國文化史」具體分為十種專史，其中就包括經濟史、政治史和國際交通史。【三十二】

梁啟超把「現行教科書中所述朝代興亡事項」全部納入「年代之部」中，由於「一姓之篡奪興仆，以今世史眼觀之，殆可謂全無關係」，故這一部分「所佔篇幅不及全部二十

【三十】聞一多：《〈女神〉之時代精神》，《聞一多全集》（二），頁一一一。

【三十一】梁啟超：《中學國史教本改造案並目錄》（一九二二），《飲冰室合集·文集之三十八》，頁二六—二七。

【三十二】胡適：《〈國學季刊〉發刊宣言》（一九二三），《胡適文集》，第三冊，頁一四—一五。

分之一」。從今日眼光看這應算是「政治史」。他另外還為政治史留了一點餘地，即在其設計的佔六分之一的「民族之部」裏，「專記述中華民族之成立及擴大，其異族之侵入及同化，實即本族擴大之一階段也，故應稍為詳敍；而彼我交涉之跡，亦即形成政治史中一重要部分」。【三十三】民族間的人我關係以及中外「彼我交涉之跡」，確為不論哪種意義的政治史和文化史中一項特別重要的內容，其所佔比重也反映出民初史學所受西方治史那「四裔」傾向的影響。【三十四】

在已經縮微的政治部分裏，梁啟超主張「對於一時君相之功業及罪惡，皆從略」；而「專紀政制變遷之各大節目，令學生於二千年政象，得抽象的概念」。這雖是針對中學生的有意省略，且有明顯的道德考慮（即淡化傳統政治中「機詐黑暗」的成分），然矯枉過正的傾向性仍太強。試想一部全無「君相之功業及罪惡」的中國政治史，的確也只剩一些「抽象的概念」，恐怕難以達到梁氏希望使學生產生興趣的目的。把上述內容加起來，政治史在整體史學中所佔的比重也低於四分之一，的確是面目一新的通史。

不過，二十世紀中國新史學的「民史」傾向是說得多做得少，在相當長的時期裏，包括近代史在內的中國史仍以政治史（逐漸包括經濟史）見長。只是到了近一二十年，關於政治、經濟、外交等方面的史學論著開始減少，而以思想、社會和學術為主的專門史逐漸興起。這裏既有學者的自覺努力（即有意彌補過去所忽略者），也受到海外學術發展的影響，可能還隱伏着傳統的某種再現。【三十五】

在政治史幾乎成為史學「普通話」的年代，各專門史在保全各自的「方言」層面多少帶點「草間苟活」的意味；今日政治史雄風不再，即使研究政治的也往往摻和着一些專門史的「方言」風味，多把政治放在文化與社會的大框架中進行論證分析。我以為這是一個好現象，蓋任何「新」領域的探索都可能使學者對一些滑向邊緣的既存領域產生新的認識；部分因為葛蘭西（Antonio Gramsci）的影響，權力意識已有力而深入地被引入各專門

【三十三】本段與下段，梁啟超：《中學國史教本改造案並目錄》，《飲冰室合集．文集之三十八》，頁二七。

【三十四】章太炎一九二四年指出當時史學的五項弊端之中，就有一項是「審邊塞而遺內治」，參見羅志田：《史料的盡量擴充與不看二十四史——民國新史學的一個詭論現象》，《歷史研究》二〇〇〇年四期。

【三十五】思想史和社會史在今日西方均呈衰落之勢（關於社會史可參見周錫瑞：《把社會、經濟、政治放回二十世紀中國史》，《中國學術》第一輯，二〇〇〇年春），而學術史似從未成為西方史學的重要門類，故學術史在中國興起的動因恐怕更多要從內部尋找，且不排除其體現着對民國代清以後經學被擯棄的某種反動，雖然未必是有意識的。

史之中（在性別、族群等新興專門史中尤其明顯），這些專史所提供的新權勢關係很可能改變我們對「政治」的觀念，從而導致政治史這一過去積累豐厚的領域之「復興」。

其實近年政治、外交等專史的淡出多少也因為一些學人的邊界和門戶意識太強，非此即彼，不免存在西人所說倒洗澡水連同小孩一起倒掉的傾向，而忽略了文化、社會、思想、學術等與政治之間那千絲萬縷的關聯。尤其中國士人重視政治的傳統在近代不僅沒有減弱，甚至有所增強：從頭髮到腳的身體處理一直未曾離開政治的青睞，常呈現出泛政治化的傾向；就連「讀經」和講授「國學」這類看似「迂遠」之事也每次「出現」都受到相當廣泛的社會關注，引起許多爭辯，往往牽連到國家民族的發展走向等重大問題。可知近代中國能「脫離政治」的課題其實不多，若沒有堅實的政治史基礎，治其他專史也很難深入。

不論史學各子學科在多大程度上具有「合理性」，邊界明晰的學科認同原非治史的先決條件，各科的「邊界」多是人為造成並被人為強化的。史學本是一個非常開放的學科，治史取徑尤其應該趨向多元；最好還是不必畫地為牢，株守各專史的藩籬。《淮南子．氾論訓》所說的「東面而望，不見西牆；南面而視，不睹北方；唯無所向者，則無所不通」一語，最能揭示思路和視角「定於一」的弊端，也最能喻解開放視野可能帶來的收穫。梁啟超和胡適當年「以文化史代政治史」的設想雖未免有些矯枉過正，至少也提示了一種結合文化視角考察分析政治的取向。

原刊《社會科學研究》二〇〇六年四期

作者簡介

羅志田，四川大學歷史系七七級畢業，普林斯頓大學博士，歷任四川大學、北京大學歷史系教授。研究方向為中國近現代史、中國文化史及中外關係史；著作見本書所附之「著述年表」，論文散見於海內外各學刊。

著述年表

1《再造文明之夢——胡適傳》，成都：四川人民出版社，一九九五年，三八四頁。
2《民族主義與近代中國思想》，台北：東大圖書公司，一九九八年，三一二頁。
3《東風與西風》（與葛小佳合著），北京：三聯書店，一九九八年，三一五頁。
4《權勢轉移：近代中國的思想、社會與學術》，武漢：湖北人民出版社，一九九九年，三七五頁。
5主編，《二十世紀的中國：學術與社會（史學卷）》，濟南：山東人民出版社，二〇〇一年，上下冊，九〇二頁。
6《二十世紀的中國思想與學術掠影》，廣州：廣東教育出版社，二〇〇一年，四一〇頁。
7《亂世潛流：民族主義與民國政治》，上海：上海古籍出版社，二〇〇一年，三七八頁。
8《國家與學術：清季民初關於「國學」的思想論爭》，北京：三聯書店，二〇〇三年，四四七頁。
9《裂變中的傳承：二十世紀前期的中國文化與學術》，北京：中華書局，二〇〇三年，三八二頁。
10《近代中國史學十論》，上海：復旦大學出版社，二〇〇三年，三三四頁。
11《再造文明的嘗試：胡適傳》（《再造文明之夢》增訂版），北京：中華書局，二〇〇六年，三二六頁。
12《激變時代的文化與政治——從新文化運動到北伐》，北京：北京大學出版社，二〇〇六年，三五一頁。
13《昨天的與世界的：從文化到人物》，北京：北京大學出版社，二〇〇七年，三二六頁。